"이 책은 우리 시대가 오랫동안 잊어왔던 '존중'의 의미를 집요하게 파고든 최고의 역작이다. 데보라 노빌은 여러 사례들을 통해 자신과 타인을 존중하는 것이 우리의 행복에 얼마나 중요한 영향을 미치는지를 여실히 보여준다."

_ **마커스 버킹엄**, 베스트셀러 《위대한 나의 발견 강점혁명》 저자

"가정에서든 직장에서든 모든 인간관계의 토대는 존중이다. 다른 사람을 존중하지 않으면 그들도 당신을 존중하지 않는다. 데보라 노빌은 이 책에서 우리 사회가 직면한 이기적인 단면들을 조명하고, 나보다 타인을 위하는 것이 삶을 변화시키는 힘이라는 사실을 일깨워준다."

_ **데이브 램지**, 라디오 토크쇼 '데이브 램지 쇼' 진행자이자 《돈의 연금술》 저자

"이 놀라운 책은 아주 간단하지만 강력한 진실을 새로운 시각에서 전하고 있다. 그것은 바로 '사업이나 삶에서 성공하고 싶다면 다른 사람을 존중하라'는 것이다. 존중은 케케묵은 미덕이 아니다. 강력한 성공 수단이다."

_ **레너드 로더**, 에스티 로더 이사회 의장

"존중은 다른 사람에 대한 배려다. 데보라 노빌은 우리가 오랫동안 잊고 지낸 '존중'이라는 미덕을 되찾기 위해 새로운 노력을 기울이자고 제안한다. 또한 존중이 자신과 주변 사람의 삶을 어떻게 풍요롭게 하는지 다양한 사례를 통해 보여주고 있다."

_ **스티브 포브스**, 포브스 CEO

"내 선택과 행동에 책임을 지지 않으면 스스로를 존중할 수도, 다른 사람을 존중할 수도, 다른 사람의 존중을 받을 수도 없다. 그러나 요즘 우리 사회는 남 탓만 하는 분위기가 만연하다. 지금 이 시대를 사는 사람이라면 꼭 읽어야 할 책이다."

_ **크리스티 K. 맥** 미국의학연구재단, 브레이브웰 코레버러티브 공동 설립자

"삶을 변화시키는 존중의 가치를 지금 시대에 어울리게 해석한 보석 같은 책이다. 부모, 부부, 학생, 직장인 등 모든 사람에게 존중의 노하우를 전수하는 '안내서'이기도 하다. 충만하고 성공적인 삶을 살기 위해 노력하는 사람이라면 반드시 소장해야 할 책이다."

_ **바이런 핏츠**, 'CBS 뉴스' 진행자

"데보라 노빌은 우리 모두의 인생에서 정말 중요한 것이 무엇인지 상기시켜준다. 이 책은 평생 곁에 두고 읽어야 할 고전과도 같다. 만약 더 좋은 사람이 되고 싶고, 삶을 더 나은 방향으로 바꾸고 싶다면 이 책을 꼭 읽어야 할 것이다."

_ **숀 해니티**, 'Fox 뉴스' 진행자

"이 책은 오늘날 존중이 과소평가된 삶의 가치라는 점을 상기시킨다. 일과 학교, 가정, 관계 속에서 도움을 줄 현명하고 실용적인 조언을 얻고 싶다면 이 책을 읽어라. 당신의 삶에서 즉각적인 변화가 일어나는 것을 경험할 수 있을 것이다."

_ **댄 래더**, 저널리스트, 시사 프로그램 〈60분〉 전 진행자

"이 시대에 꼭 필요한 책이다. 데보라 노빌은 일상생활에서 서로를 존중하는 것이 모두가 행복해지는 길이라는 사실을 일깨워주고 있다. 존중의 힘은 가정, 직장, 학교뿐만 아니라 리더십 훈련 프로그램에서도 필요하다. 다시 말해 모든 인간관계에서 이 책이 제공하는 통찰력을 활용할 수 있다."

_ 브루스 웨인스타인, 세계적인 윤리전문가이자 《윤리지능》 저자

"존중이라는 것은 그 사람의 말에 귀 기울이고 그 사람의 처지를 이해하는 배려와 따뜻한 마음이다. 그렇다고 해서 당신의 정체성이나 인생의 목표, 이데올로기를 포기할 필요는 없다. 다양한 개성이 공존하는 오늘날 '예의'라는 문제를 담론화하고 존중의 가치를 다시 한 번 일깨운 데보라 노빌에게 박수를 보낸다."

_ 비숍 T.D. 젝스 목사

사람의
마음을 얻고

성공의
토대를 마련하는

관계의 기술

데보라 노빌 지음
김순미 옮김

존중받는다고
느낄 때

마음이
열린다

빌리버튼 billy button

존중받는다고
느낄 때

마음이
열린다

다른 사람에게 먼저 길을 터줌으로써
중요한 결승선을 통과하는 사람들에게,

그리고 다른 사람들을 빛나게 할 때
우리가 더 높이 올라간다는 것을 아는 사람들에게

이 책을 바칩니다.

사람들의 반응을 관찰하는 것은 매우 흥미로운 일이다.

누군가를 대할 때 목소리 톤이나 태도를 바꿔보라.

상대방이 여러분을 대하는 태도가 완전히 달라질 것이다.

직접 실험을 해보면 알 수 있다.

여러분이 무뚝뚝하게 말하면 상대방은 짜증스럽게 대꾸
할 것이다.

반대로 부드럽게 말하면 상대방도 그럴 것이다.

식당에서 종업원을 친절하게 대하면

서비스가 좋아지는 것처럼 말이다.

그렇다면 이처럼 말투와 태도를 친절하게 바꾸면

많은 것이 달라질까?

물론이다.

직장에서 성공하고 싶은가?
직원들의 생산성을 높이고 싶은가?
가정과 직장에서 원만한 관계를 유지하고 싶은가?
예의가 지켜지는 세상에서 살고 싶은가?
창의력과 자신감을 높이고 싶은가?

놀랍게도 한 가지만 있으면 이 모든 것이 가능하다.

그것은 바로 '존중'이다.

PART

I

상대의 마음을
얻는 기술,
존중

◆

졸업을 앞두고 마지막 시험이 시작되었다.

강의실 안은 숨소리조차 들리지 않을 정도로 조용했다.

문제를 풀던 학생들은 마지막 문제를 확인하고 깜짝 놀랐다.

황당해하며 툴툴거리는 학생도 있었다.

이때 한 학생이 큰 소리로 물었다.

"마지막 문제는 장난으로 내신 겁니까?"

다른 학생이 농담처럼 거들었다.

"마지막 문제도 점수에 들어가는 겁니까?"

교수가 짧게 대답했다.

"물론이지."

마지막 문제는 이런 것이었다.

'우리 강의실 청소부 아저씨의 이름을 적으시오.'

학생들은 당황할 수밖에 없었다. 매일 마주치기는 하지만 그의 이름을 아는 사람은 아무도 없었기 때문이다.

교수는 학생들에게 문제를 낸 이유를 설명했다.

"자네들이 졸업을 해서 사회에 나가면 많은 사람들을 만나게 될 거야. 자네들이 어떤 일을 하든 모든 사람을 똑같이 존중해야 하네. 매일 마주치는 사람들이라면 더욱 그렇지. 내가 자네들에게 마지막으로 알려주고 싶은 가장 중요한 교훈이 바로 그것이야."

파산 위기의 회사를 일으킨
뜻밖의 결정

광고회사 영 앤 루비컴Young & Rubicam은 광고업계의 치열한 경쟁에서 밀려나 심각한 경영난을 겪고 있었다. 빠른 시일 안에 가시적인 성과를 거두지 못하면 돌이킬 수 없는 처지에 놓일 수도 있는 상태였다.

CEO 피터 조지스큐는 사업 파트너 존 맥게리와 어떻게 하면 이 난국을 헤쳐 나갈 수 있을지 밤새 토론을 벌였다. 논의 끝에 두 사람은 KFC의 광고회사 선정 경쟁에 참여하기로 결정했다. 그리고 다음 날 아침 출근한 직원들에게 이렇게 선포했다.

"우리는 KFC의 광고를 따낼 겁니다. 앞으로 일주일간 KFC 매장에 나가 일을 도우면서 아이디어를 수집합시다."

직원들이 아우성을 쳤다.

"우리가 하는 일은 광고와 홍보지, 닭을 튀기고 파는 일이 아닙니다."

당시 KFC는 '먹고 나서 손가락을 빨 정도로 맛있는 치킨'으로 불리며 인기를 누리고 있었다. 그러나 직원들은 KFC의 광고에는 관심이 없었다. GM이나 포드, AT&T 같은 '있어 보이는' 회사도 아니고 더구나 그 회사 매장에 나가 옷에 기름을 튀겨가며 일을 하라니. 직원들의 반대는 당연한 것이었다.

피터와 존은 직원들을 설득해 KFC 매장에 임시직으로 파견을 나가도록 했다. 두 사람도 집 근처의 KFC 매장에 자리를 얻었다. 피터 조지스큐는 영 앤 루비컴의 명예회장으로 물러난 뒤 내놓은 자서전 《성공의 원천The Source of Success》을 통해 당시를 이렇게 회고했다.

"존 맥게리와 함께 KFC 주방에서 일하는 것은 너무나도 힘이 들었습니다. 치킨을 튀기고 샐러드와 옥수수 버터구이를 만들었죠. 출근해서 조명을 켜고 바닥을 청소하다 보면 손님들이 하나둘 들어왔습니다. 그럼 청소하다 말고 주문을 받았어요. 하루하루가 정신없이 바빴죠. 하지만 사흘 정도가 지나자 기존 치킨과 KFC 치킨의 차이점을 알 수 있었습니다. 피곤해서 쓰러지기 일보 직전이었지만 흐뭇했어요. KFC라는 회사를 다시 보게 되었고, 직원들도 그런 느낌을 받았다고 이야기해주더군요. 하지만 퇴근해서 직원들과 맥주 한잔하면서 이야기를 나눌 힘조차 없을 만큼 힘이 들었습니다."

　KFC 본사에서 공개경쟁 프레젠테이션이 열린 날.

　여러 광고회사의 중역들이 리무진을 타고 나타났다. 약속이나 한 듯 고급 양복을 입고 있었다. 그들은 KFC 본사 로비에 앉아 시시덕거리며 농담을 주고받았다. 그 내용은 대개 '닭이나 튀겨서 파는 촌닭들로부터 어떻게 한몫을 크게 받아내느냐' 하는 것이었다.

　프레젠테이션이 시작되었다. KFC 관계자들은 대형 광

고회사들이 내놓은 광고 캠페인의 콘셉트와 창의적 아이디어에 기분이 좋아 보였다. 영 앤 루비컴의 수주 가능성은 점점 멀어지는 듯했다.

그때 KFC 경영진 중 한 사람이 갑자기 이런 질문을 던졌다.

"우리가 조만간 새로운 메뉴로 전통적인 방식의 치킨 메뉴를 내놓으려고 합니다. 우리가 가지고 있는 치킨 레시피를 조금만 변형해서 사용하면 가능하겠지요?"

회의실이 순식간에 조용해졌다. KFC의 레시피는 따뜻하고 바삭한 치킨을 신속하게 내놓는 것에 맞춰져 있었다. 그것이 KFC 치킨의 성공 비결이었다. 주방의 모든 시스템 역시 그런 레시피를 구현하는 데 최적으로 설계되어 있었다. 그런데 갑자기 전통적인 레시피라니.

피터 조지스큐가 입을 열었다.

"그것은 불가능합니다. 두 메뉴는 레시피에 차이가 있습니다. 게다가 그걸 만들려면 주방 설계도 달라져야 합니다."

그건 KFC 주방에서 일을 해본 사람이 아니라면 알 수 없는 사실이었다. 다른 광고회사 사람들은 무슨 말이 오갔는지 알아듣지도 못했다.

　결국 광고를 따낸 것은 영 앤 루비컴이었다. 영 앤 루비컴은 그 후 KFC의 광고업체 선정 기준을 바꾸어놓았다. '아이디어가 좋은 업체'에서 '같이 일하고 싶은 업체'로 말이다. 영 앤 루비컴은 KFC와 함께 폭발적인 성장을 거듭, 미국 굴지의 광고회사로 우뚝 섰다. 피터 조지스큐는 그 성공 비결에 대해 이렇게 말했다.

　"매장 체험 같은 접근 방식이 기발했다고 평가한 사람도 있었습니다. 우리가 많이 노력했다는 뜻이겠죠. 하지만 단순히 그런 것 때문에 KFC 경영진들의 마음이 움직인 것은 아니라고 봅니다. 그들은 우리가 그들을 충분히 존중하고 있다는 점을 깨달았던 거죠. 마음이 전해진 겁니다. 일종의 이심전심이라고나 할까요? 그게 우리들의 성공 비결이었습니다."

　KFC 경영진은 그 이후에도 별다른 고민 없이 영 앤 루비컴을 선택했다. 그들은 자신들의 사업을 존중하면서 최선을 다해줄 파트너를 원했다. 튀는 아이디어는 그다음 문제였다.

우리는 한동안 '돈을 많이 버는 것이 내 운명을 바꿀 수 있는 유일한 힘'이라고 믿어왔다. 돈만 많이 벌면 풍요로운 생활 속에서 행복을 누릴 수 있을 것이라고 말이다. 그러나 그 믿음이 진실이 아님을, 우리 모두는 알고 있다. 돈이란 것은 아무리 벌어도 부족하고 우리 마음의 빈 구석은 채워지지 않는 법이다.

억만장자 반열에 오른 사람들조차 '내 인생에 만족하지 못하고 있다'고 말하곤 한다. 떼돈을 벌었는데도, 자신의 인생에서 뭔가 중요한 것이 여전히 빠져 있다고 생각하는 것이다. 밀물처럼 벌어들였던 돈은 시기가 바뀌면 썰물처럼 빠져나가기 마련이다.

이제 많은 사람들이 깨닫고 있다. 오로지 돈과 물질만을 추구해서는 의미 있고 균형 잡힌 삶을 살아갈 수 없다는 것을.

잘 생각해보면 알 수 있다.

'내 운명을 바꾸는 힘'은 다른 이의 존재를 인정하는 것에서부터 나온다는 것을 말이다. 우리가 지금 당면하고 있는 거의 모든 문제가 다른 사람들과의 관계에서 비롯되고 있지 않은가?

까마득한 옛날부터 우리의 선조들이 격언 속에 지혜를 담아 후대에 물려준 데는 그만한 이유가 있다. '입장을 바꿔 생각해보라' 또는 '네가 대접받고 싶은 대로 남을 대접하라' 같은 격언들을 귀가 따갑게 들어보았을 것이다.

하지만 그럼에도 불구하고, 아주 소수의 사람들만이 이를 실행에 옮긴다. 그리고 오직 그런 사람들만이 성공의 반열에 오른다.

✦ Respect ✦

남을 이끌고자 한다면 그들의 뒤에서 걸어보라.

– 노자

네가 대접받고 싶은 대로
남을 대접하라

이혼 전문 변호사인 마를린 치니츠는 700건 이상의 이혼 소송을 맡아온 베테랑 변호사다. 그녀의 경험에 의하면 사이가 좋은 부부들에게는 공통점이 있다. 바로 시간을 내서 서로를 도와주며 배우자의 의견을 잘 따른다는 것이다. 또한 상대방에게 감사의 뜻을 표현하는 데 인색하지 않다.

"만족스러운 부부 관계를 위해서는 마음을 적극적으로

표현하는 것이 중요합니다. 말을 하지 않으면, 상대가 신이 아닌 이상 알아차릴 수 없으니까요. 자신에 대한 생각이 건강해야 결혼생활도 건강하게 이어갈 수 있습니다. 자기가 충분히 존중받고 있다는 생각이 들면 배우자에게 자상해집니다. 그게 사람의 심리예요."

자신이 존중받고 있다고 느끼는 사람은 사랑하는 사람에게 상처를 주지 않으려고 노력한다. 서로를 따뜻하게 대하고 배려하면서 결혼생활을 즐기게 된다.

치니츠는 이혼이라는 가슴 아픈 결정을 내려야만 했던 부부들을 보면서 그들의 문제점이 무엇인지 헤아리게 되었다.

"그런 부부들을 보면서 느낀 것이 있어요. 일종의 '친절 딜레마' 같은 것입니다. 당신은 처음 만난 마트 계산원에게 깍듯이 인사를 하지요? '좋은 하루 되세요'라고 말하면서요. 그 사람은 당신을 매우 친절한 사람이라고 생각할 겁니다. 하지만 집에서는 어떤가요?"

허를 찌르는 질문이었다. 우리 대부분은 가까운 사람에게 오히려 불친절하고 예의 없게 행동하는 경향이 있다. 너그럽게 이해해줄 것이라고 생각하면서 말이다. 반면 친하지 않은 사람들에게는 예의 바르게 행동한다. 그런 '친절 딜레마'가 배우자와의 관계를 서서히 무너뜨리는 것이다. 그럼에도 이렇게 생각한다.

'굳이 설명을 하지 않아도 다 이해해줄 거야.'

그래서 그때그때 기분에 따라 마음대로 상대를 대한다. 신경질을 부리고 토라지기도 한다. 사랑하는 사람이 알아줄 것이란 기대를 갖고. 치니츠 변호사는 그런 허망한 기대 때문에 결혼생활에 좌절을 겪는 부부들이 많다고 말한다. 별것 아닌 작은 일 때문에 시작된 부부간의 다툼이 서로를 궁지로 모는 원한의 이혼 소송으로 이어지는 경우도 있다.

"오랜 세월을 만족스럽게 지내온 부부들은 그런 방식으로 마음을 표현하지 않아요. 자기의 생각을 예의 바르게 표현합니다. 상대가 이해할 수 있을 때까지 지치지 않고 설명하려 애를 쓰지요. 그런 노력은 아이들에게도 마찬가지입니다."

치니츠는 자신의 생각과 기대를 매너 있게 표현하는 것은, 상대를 존중하는 마음을 전하는 것과 같다고 말한다. '당신을 존중하기 때문에 나의 생각과 관점을 당신과 공유하고 싶다'는 의지의 발현이라는 것이다.

　그녀가 꼽은 가장 흔한 이혼 사유는 '존중 결여'였다. 이혼을 결심하고 찾아온 의뢰인들의 사정은 제각각 달랐고 계기 또한 천차만별이었지만 그 밑바탕에는 배우자로부터 조금의 존중도 받지 못했다는 피해의식이 자리 잡고 있었다.

　몇 달 전 치니츠를 찾아왔던 제니의 경우도 그랬다. 제니는 남편 파울로와 결혼한 뒤 단 하루도 행복했던 날이 없었다. 파울로가 '남자답고 멋지다'고 생각했지만 착각이었다. 그는 일찍 퇴근한 날에도 제니의 일을 도와줄 생각을 하지 않고, 직장에서 일하고 돌아온 것이 대단한 일이라도 되는 양 폼을 잡았다.

　"뭐야! 이까짓 집안일 하나 제대로 안 해놓고……. 지금까지 대체 뭘 한 거야?"

　파울로는 결혼 전부터 그런 사람이었다. 제니와 제니의 일을 깔보고 무시했다. 제니는 그가 거친 남자 스타일이어서 그런 것이라고 생각했지만 착각이었다. 파울로는 직장에서는 말이 없고 소심한 남자였다. 그랬기 때문에 직장에서 받은 스트레스를 가까운 사람인 제니에게 쏟아내는 것이었다. 치니츠 변호사의 말이다.

"사랑하는 부부 사이라도 상대를 존중하는 마음이 없으면 깔보고 무시하게 됩니다. 상대에게 상처를 주는 말이 나올 수밖에 없지요. 진정으로 사랑한다면 존중하는 마음부터 가져야 합니다. 배우자가 내성적인 사람일 경우, 존중할 줄 모르고 무심한 당신으로 인해 나날이 마음에 큰 상처를 쌓아가고 있을지도 모릅니다."

파울로와 제니 부부는 치니츠 변호사와 상담한 후 상황을 반전시키는 데 성공했다. 양육권과 재산 분할에 대해 상의하다가 이혼이라는 결정이 얼마나 가슴 아픈 결과를 초래할 수 있는지 깨달은 것이었다.

결국 파울로는 제니에게 진심 어린 사과를 했다. 그는 자신의 경솔한 말과 행동이 가정을 파탄 위기에 빠뜨렸다는 생각에 괴로워했다. 그는 정신과 의사의 도움을 받아 직장생활 스트레스를 해결하기로 했다. 또 일찍 퇴근한 날에는 제니를 도와 집안일을 분담하기로 했다. 부부는 꿋꿋하게 어려움을 극복했다. 그 결과 오히려 부부 관계가 더 끈끈해졌다고 한다. 존중하는 마음으로 가정을 지킨 것이다.

치니츠 변호사의 말에는 오랜 시간 동안 부부 문제를 상담한 전문가의 혜안이 담겨 있다.

"사랑이란 게 원래 변덕스런 날씨와도 같지요. 수시로 변해요. 사랑스럽다가 갑자기 밉기도 하고 말이죠. 반면에 존중은 견고한 감정입니다. 저는 결혼생활의 펀더멘털이 존중이라고 봅니다. 존중은 항상 그 자리에 머물면서 닻을 내립니다."

배우자를 제대로 존중하기 위해서는 그의 감정을 헤아리고 이해하는 공감 능력과 배려가 필요하다. 여기에는 기억해야 할 '황금 규칙'이 있다. 반드시 상대방의 입장이 되어 생각해봐야 한다는 것이다.

♦ Respect ♦

행복한 결혼생활에서 가장 중요한 것은
서로 얼마나 잘 맞는가보다
다른 점을 어떻게 극복해 나가느냐이다.
– 톨스토이

'다름'에 슬기롭게
대처하는 법

사랑과 존중이 원만한 결혼생활의 토대라는 것을 몸소 보여주는 부부가 있다. 결혼생활 32년째를 맞고 있는 홉킨스 부부다. 남편 짐은 아내 이나를 항상 이렇게 소개한다.

"이렇게 멋진 여자와 결혼하다니 저는 행운아입니다."

이나는 남편의 이런 표현을 몹시 좋아한다.

"남편이 사람들 앞에서 그렇게 말해주면 너무나 기뻐요. 나에 대해 멋지게 말해줄 때마다 남편에 대한 사랑이

샘솟아요."

대학에서 만난 두 사람은 결혼에 골인해 30년 넘게 해로하고 있다. 결혼 초창기에는 어려움도 있었다. 주소가 매번 바뀔 정도로 여기저기로 이사를 다녀야만 했기 때문이다.

"직장 때문에 어쩔 수 없이 이사를 자주 다녔어요. 그럴 때마다 새 친구를 사귈 수는 있었지만 항상 이방인 같은 기분이 들었지요. 이사가 삶의 일부가 되어버렸어요."

남편 짐이 여행 가방을 들고 여기저기 옮겨 다니는 동안, 아내 이나는 가사를 도맡아야만 했다.

"남편은 날마다 파김치가 되어 집에 돌아왔어요. 때로는 주말도 없었죠. 간단한 수리를 하는 것에서부터 공공요금을 내는 것도, 잔디를 깎는 일도, 딸아이를 병원에 데려가는 것도 모두 제 몫이었지요. 제가 바라는 것은 별 게 아니었어요. 다른 남편들처럼 조금 일찍 돌아와서 그런 일들을 해주면 얼마나 좋을까? 나는 왜 이런 일들을 직접 해야 하는 걸까? 그런 생각을 하다가 화가 났고, 싸우기도 많이 싸웠어요."

사실 화가 나기는 남편도 마찬가지였다.

"정말 힘이 들었어요. 날이 갈수록 경쟁이 치열해지는 시기였으니까요. 자칫하다가는 실업자 신세가 될지도 모른다는 압박감 때문에 고단한 몸으로도 잠을 이루지 못한 날들이 많았습니다. 그런데 아내는 한가한 소리만 하는 겁니다. 가족과 함께 지내는 시간이 적어서 불만이라거나, 옆집 남편은 휴가를 내어 아이들과 디즈니랜드에 간다는 얘기를 자꾸 하면서 말이죠. 세상을 몰라도 너무나 모른다는 생각이 들었고 소리를 버럭 지르기도 했습니다."

한동안 냉전을 벌이다가 아내가 먼저 변화를 시도했다. 이나는 의식적으로 남편을 칭찬하기로 마음을 먹었다. 현명한 결혼생활에 대한 책을 읽고 난 뒤였다. 그녀는 남편을 칭찬하기 위해 좋은 점을 찾아야만 했다.

"남편도 저에게 존중받고 싶었을 거예요. 힘든 회사 일을 묵묵히 해내고 있었으니까요. 그걸 알아주지 않고, 집에서 부족했던 부분만 들춰냈으니 얼마나 힘이 빠지고 화가 났겠어요."

칭찬의 포인트를 잡아내는 것은 쉽지 않았다. 아무리 밖에서는 유능한 남편이라 해도 집에서는 시체처럼 누워 감자칩을 먹으며 야구 중계만 보고 있었으니 말이다. 하지만 그녀는 결국 집에서 남편을 존중해주는 포인트를 발견했다. 바로 남편이 좋아하는 일에 같이 관심을 가져주는 것이었다. 남편이 야구를 보다가 환호를 하면 청소를 하다가 멈추고 물어봐주었다. '역전이군요? 누가 안타를 친 거예요?' 그러면 남편은 어린아이처럼 들떠서 열심히 설명을 하곤 했다.

그렇게 관심을 가져주었더니 엉뚱하게도 남편이 먼저 그녀를 칭찬하기 시작했다.

"모든 일들을 척척 해내는 당신이 나는 정말이지 존경스러워."

이나와 남편은 어색하지 않게 서로를 칭찬할 수 있게 되었고 그 이후로 그들은 안정적인 부부생활을 누리고 있다.

오늘날 미국에서는 매년 22만 쌍이 결혼을 하고, 그들 중 절반이 이혼을 한다. 이나는 가장 큰 이혼 사유로 '무시'를 꼽았다. 그러면서 가장 가까운 사람을 무시하는 것은 인간의 본성이기도 하다고 말한다.

"사랑보다 중요한 것이 있어요. 상대방을 진심으로 존중하고 그것을 겉으로 표현하는 것입니다. 상대의 취향이

나 기호까지 인정해야 합니다."

이나는 배우자가 좋아하는 것을 이해하기 위해 노력하라고 조언한다.

"사람이 좋아서 결혼을 했는데, 결혼을 하고 나면 그의 취향이나 기호가 눈에 거슬리는 경우가 많습니다. '왜 저 사람은 저런 것을 좋아할까?' '이 여자는 저게 뭐라고 쓸데없이 모아놓고 애지중지하는 거야?' 대부분의 불화는 그런 작은 것들을 무시했다가 상대의 반감을 불러일으키면서 눈덩이처럼 커지게 됩니다."

짐도 이나와 의견을 같이 한다.

"사랑하는 사람이라도 식성이 다른 것처럼 취향이나 기호도 제각각입니다. 결혼을 하는 것은 '나와 같아서 좋기 때문'이겠지만, 결혼생활은 '나와 달라도 괜찮아'라는 마음이 있어야만 유지될 수 있습니다. 상대의 전혀 다른 기호를 존중하고 나면 비로소 좋은 점들이 눈에 많이 들어오게 됩니다."

우리의 일상은 재미없고 지루한 일투성이다, 바쁘고 정신없는 나날의 연속이다. 누군가는 아이들의 양말을 신기고, 난방 시설을 손보고, 하수구를 청소해야 하는데, 혼자 살지 않는 이상 그 일들을 분담해서 하게 된다. 이때 누군가 한쪽이 알아서 해준다면 다른 한쪽의 부담이 줄어들 것이다. 예컨대 남편이 퇴근하면서 장을 봐온다면, 아내는 마트에 따로 갈 필요가 없다. 남편에게 감사할 일이다. 북적이는 계산대 앞에 줄을 서서 기다리는 것을 즐거워할 사람은 없으니까.

우리는 사랑하는 사람을 위해 기꺼이 수고를 아끼지 않는다. 사랑하는 사람 역시 우리를 위해 그렇게 한다.

"누가 세탁소에서 옷을 찾아왔는지, 누가 좋아하는 주스를 냉장고에 채워놓았는지, 누가 화분에 물을 주었는지 신경을 곤두세우고 따져야 할 필요가 있을까요? 그냥 눈에 보이면 하는 거죠. 원만한 결혼생활을 위해서는 이것이 매우 중요합니다."

이는 놀랍게도 남편 짐의 말이다. 그가 집에서 시간만 나면 맥주와 감자칩을 먹으며 야구 경기에 몰두하던 사람이었다는 점을 생각하면 이런 말을 했다는 게 믿기지 않는다. 짐은 어떻게 이렇게 달라질 수 있었을까? 이나는 남편에게 이런 일을 한 번도 시켜본 적이 없다고 말했다. 그저 자신은 칭찬을 했을 뿐이라고 말이다. 칭찬의 힘이 짐에게서 그런 능력을 이끌어낸 것이 틀림없다. 짐은 집안일이 서로에 대한 존경과 사랑을 표현하는 방법이라 생각한다.

"집안일은 배우자에게 존중의 마음을 표현할 수 있는 기회입니다. 상대방의 생활을 보다 윤택하게 해주니까요."

결혼생활에서는 품격이 있어야 신뢰가 쌓인다. 서로의 다른 점에 대해 관용을 보이는 것이 바로 품격이다. 그런 품격이 있어야 비로소 '눈빛 하나로도 통하는 사이'가 될 수 있다.

이혼 전문 변호사 치니츠가 만나는 부부들은 서로 간에 신뢰가 깨진 사람들이다. 신뢰가 있다 하더라도 말뿐인 경우가 많다.

"품격과 신뢰가 있으면 배우자에게 의심을 품을 이유가 전혀 없지요. 서로의 사생활을 존중할 수 있고 어떤 말을 하더라도 쉽게 흥분하지 않고 그 이유를 납득할 수 있을 때까지 기다릴 수 있으니까요. 그래서 그들의 가정은 평화로운 겁니다. 그런 평화가 다시 품격 있는 삶을 만들어주죠. 일종의 선순환이라고 보면 돼요."

결혼 상담가 미셸 와이너 데이비스도 동의한다.

"결혼생활에서 신뢰와 품격, 존중은 있으면 좋은 것이 아닙니다. '반드시 있어야 하는 것'입니다. 신뢰와 품격, 그리고 존중은 삼위일체라고 볼 수 있어요. 그 세 가지가 없는 결혼생활은 허공에 뜬 것과 같습니다."

미셸을 찾는 부부들은 대부분 신뢰에 크게 금이 간 상황에서 도움을 구하러 온 사람들이다. 그녀는 신뢰를 다시 쌓기 위해서는 서로를 존중하고 스스로가 품격 있는 행동을 하도록 매사에 신경을 쓰라고 조언한다. 적극적으로 노력하는 부부들일수록 예후도 좋다.

"완전히 틀어진 배우자의 마음을 다시 돌려놓기란 말처럼 쉽지 않습니다. 결혼생활을 정상 궤도로 되돌려놓기 위해서는 처음 결혼에 골인했을 때보다 훨씬 많은 노력이 필요해요. 신뢰를 쌓는 것도 어렵지만 한번 무너진 신뢰를 다시 쌓는다는 것은 비교할 수 없을 만큼 힘겨운 일이거든요. 그러나 불가능한 것은 아닙니다. 노력 여하에 따라서 부부 관계가 회복될 수 있습니다. 오히려 나아질 수도 있지요. 유대감과 안정감을 느끼고 존중의 마음도 가질 수 있습니다."

존중과 품격, 신뢰가 있는
결혼생활을 위한 일곱 가지 조언

1. 배우자의 장점을 인정하고 아낌없이 칭찬한다.
2. 그가 좋아하는 것을 이해하며 관심을 가지려 노력한다.
3. 남들 앞에서 상대의 장점을 칭찬하고 사랑을 자주 표현한다.
4. 상대가 바빠서 못한 일을 상대의 방식으로 해놓는다.
5. 모든 것을 함께 나누며 어떤 상황에서도 상대를 믿는다.
6. 상대의 의견을 경청하고 존중한다.
7. 배우자와 어울리는 사람으로 언제나 품격 있는 행동을 한다.

존중의 본질은
희생이 아닌 '윈윈'이다

지난 2년 동안 나는 사람들 간의 존중과 예절이 사회에 얼마나 큰 변화를 이끌어내는지를 입증하는 학술 자료와 생생한 사례를 찾아 다녔다.

전작인 《감사의 힘》에서도 강조했지만 감사하는 능력을 키우면 인생이 바뀐다. 어려움을 극복하는 능력이 생기는 것은 물론 미래를 긍정적으로 내다보게 된다. 미래가 다르게 보이는 순간, 삶은 그 이전과 분명한 경계를 그으면서 새로운 경지로 접어드는 것이다.

'타인 중심적 정서'인 감사의 힘은 다른 사람을 나만큼 중시하는 태도에서부터 시작된다. 먼저 감사를 표현하면 상대로부터 예상치 못한 보답을 받게 되는 것이다. 이것이 바로 부메랑 효과다.

존중도 이와 마찬가지다. 존중 역시 상대방으로 하여금 행복을 느끼게 하고, 더 나은 내일을 위한 '윈윈 구도'를 만들어낸다.

'존중의 힘'은 우리 사회 구성원 누구에게나 필요한 키워드다. 아이를 책임감 있는 리더로 키우고 싶은 부모, 임직원과 함께 똘똘 뭉쳐 세계 최고 수준으로 도약하고 싶은 경영자, 유권자들의 열망을 실현하고 더 나은 나라를 만들기 위해 노력하는 정치인 등 모두가 자신의 분야에서 유용하게 활용할 수 있다.

존중은 '앞뒤로 열리는 문'과 같다. 먼저 존중을 표하지 않으면 존중받지 못한다. 종업원이 무례하게 굴면 손님은 다른 가게로 간다. 환자도 마찬가지다. 의사가 마음에 들지 않으면 다른 의사를 찾기 마련이다. 그런데 요즘 우리는 남을 존중하지 않으면서, 스스로는 존중받아 마땅하다고 생각한다. 그런 이기적이고 일방적인 생각 때문에 여러 사람이 괴롭다.

아주 오래전이라서 가물가물하지만 이런 내용의 방송을 본 기억이 난다. 영국의 어느 방송사가 북유럽의 스웨덴과 노르웨이, 덴마크를 돌면서 촬영한 다큐멘터리 프로그램이었다. 리포터가 거리를 지나가는 사람에게 마이크를 들이밀고 물었다. 이런 질문이었던 것 같다.

"당신은 지금 행복하다고 생각합니까? 행복하다면 그이유는 무엇입니까?"

한 중년 신사가 별걸 다 물어본다는 표정을 지으며 웃더니 이렇게 대답했다.

"그야 물론 행복하지요. 다른 사람들로부터 존중받고있으니까 만족스럽고, 나 또한 나와 생각이 다른 사람들을 인정하니까 화를 내면서 다툴 일이 없습니다. 생각과 믿음이 다양한 사람들끼리 어울려 서로를 받아들이면서 살아간다는 것은 인생의 축복입니다."

중년 신사의 말이 그 당시의 나에겐 상당한 충격을 주었던 모양이다. 지금까지도 뇌리에 강하게 남아 있는 것을 보면 말이다. 존중이나 만족 같은 추상적인 개념으로 사람이 행복을 느낄 수 있다는 게 어쩐지 믿기지 않았기 때문이었을 것이다. 다른 한편으로는 그것이 인생의 진실(마치 산소처럼 너무 당연하게 있어서 귀중한지 모르는)일지도 모른다는 느낌을 받았던 것 같다.

오랜 세월이 흘러 그 프로그램을 다시 찾는 데는 실패하고 말았지만 적어도 이것 하나는 확실하다. '존중의 힘'을 통해 개인의 삶은 물론 사회까지도 바꿀 수 있다는 사실이다.

북유럽 사람들에게 '왜 일을 하느냐'고 물어보면 '보람이 있기 때문'이라는 대답을 가장 많이 들을 수 있다. 그들에게 있어 보람이 없는 삶은 '망친 인생'이나 다름없다. 그래서 돈은 그다음의 문제로 치부된다.

반면 미국인에게 '왜 일을 하느냐'고 물어보면 십중팔구 '더 많은 돈을 벌려고'라는 대답이 돌아온다. '돈을 많이 벌면 무엇이 좋은가'라고 질문하면 다양한 대답이 나온다. 좋은 차, 성형수술, 유명세, 멋진 배우자 같은 것 말이다. 이런 답변의 이면에는 '남의 이목을 끌어보겠다'는 의도가 공통적으로 숨어 있다. 하나같이 요란하고 시끌벅적하게 주목받고 싶어 하는 것이다.

북유럽 사회는 다양성이라는 토대 위에서 여유 있게 굴러가고 있다는 사실을 다양한 삶의 모습에서 발견할 수 있다. 그에 반해 미국 사회는 오로지 '물질'이라는 획일성 위에서 위태롭게 삐걱대고 있다.

우리가 차이의 존중, 다양성의 지향을 통해 개인은 물론 사회를 변화시켜야 하는 이유는 멀리 있지 않다. 그것이 점점 증가하는 위협으로부터 우리 스스로를 지켜내는 일임은 물론 더욱 풍요로운 미래를 개척하기 위한 필연적 선택이기 때문이다.

차이의 존중은 사회가 부드럽게 돌아가는 데 윤활유 역할을 한다. 존중의 힘은 부드럽게 세상을 변화시킨다.

먼저 가족을 화목하게 만든다. 부모로부터 존중받고 자란 아이들은 그렇지 않은 아이들보다 나은 인생을 살 가능성이 높다. 존중은 결혼생활을 풍요롭게 하는 거름이 된다. 오랜 세월을 행복하게 지내온 부부들은 배우자를 위해 배려를 아끼지 않는다.

회사에도 도움이 된다. 우수한 인재가 부당한 처우를 참지 못해 다른 회사로 직장을 옮긴다면 회사 입장에서도 손해가 아닐 수 없다. 또한 존중의 힘은 리더십을 강화시킨다. 사람들이 리더의 권위를 인정하고 리더의 결정을 존중해 따르도록 도와준다.

개인적으로는 자존감을 높여 자아성취가 가능하도록 해준다. 다른 사람으로부터 인정을 받으면 자신감이 생기고 창의력이 고취된다. 매사에 자신 없어 하던 사람도 용기를 내어 자신의 한계를 극복하고 새로운 목표를 달성할 수 있다.

존중은 사람과 사람 사이를 잇고 이어서 사회를 하나로 연결시키는 접착제 역할도 거뜬히 해낸다. 곤경에 처한 낯선 여자에게 휴지를 건넬 수도 있고, 어려운 처지의 이웃들과 음식을 나눌 수도 있다.

존중하는 마음은 다른 사람과 관계를 맺고 싶도록 만든다. 존중이 연민의 정과 이타심을 불러일으키기 때문이다. 물론 우리가 이타심으로만 선행을 하지는 않는다. '남을 돕는 것이 나를 행복하게 만든다'는 식의 이기심에서 시작될 수도 있다. 동기가 무엇이든 선행은 선행이다. 더불어 남을 존중하는 행동은 사람들을 이어 사회를 튼튼하게 해준다.

다른 사람과의 차이를 존중하는 것은 소속감과 연대감이라는 견고한 사회 그물망을 더 촘촘하게 만드는 경지에 이르게 한다. 북유럽 사회의 성숙한 의식은 그들이 이런 수준에 이르렀음을 보여주는 방증이다.

타인과 관계를 맺기 위한 소속감과 연대감은 인간의 가장 기본적인 욕구 중 하나다. 우리는 생존과 사회적 상호작용을 위해 그룹을 이루고 관계를 형성한다. 어딘가에 소속이 되거나 관계를 형성하면 자신감이 생긴다. 중요한 존재로 인식되고 자기 의견이 존중받는다는 느낌이 들면서 기분이 고양되는 것이다. 사고가 활발해지고 스스로가 가치 있는 사람이라는 생각까지 든다.

연대감이나 소속감이 미치는 영향은 사람에 따라 다르다. 다만 분명한 것은 그것을 원하는 사람일수록 존중을 중요하게 생각한다는 점이다. 다른 사람의 평가에 크게 신경을 쓰는 사람일수록 무시하는 태도에 민감하게 반응한다. 이를 달리 말하면 서로의 힘을 끌어내기 위해서는 먼저 서로를 존중해야만 한다는 결론이 나온다.

우리보다 앞서 성공한 모든 사람들은 '높은 산은 결코 혼자 오를 수 없다'는 진리를 잘 알고 있었다. 그들은 정상에 오른 기쁨도 다른 사람과 나눌 때 더욱 의미가 깊다고 믿었다. 그것은 지금까지 수차례에 걸쳐 입증된 진실이다.

차이를 존중하는 습관을 의식적으로 들이면 원하는 목표를 더욱 빠르게 성취할 수 있다. 친구와 사랑하는 이들의 응원 속에서 말이다.

♦ Respect ♦

함께 모이는 것이 시작이고,
계속 함께 하는 것이 진보이며,
함께 일하는 것이 성공이다.
– 헨리 포드

'할 수 있다'와 '할 수 없다'를
가르는 차이

존중의 정확한 의미는 무엇일까? 아레사 프랭클린의 노래 중에 가장 유명한 노래를 하나 꼽으라면 단연 〈리스펙트Respect〉를 꼽을 수 있다. 당당한 목소리로 '나를 존중해 달라'고 외치는 이 노래를 듣다 보면 마치 우리도 자신감 넘치는 사람이 된 듯한 느낌이 든다.

1967년에 발매된 아주 오래된 노래지만 〈리스펙트〉는 자신이 존중받지 못하고 무시당한다고 생각하는 모든 사람의 '성가'로 자리매김하며 지금도 사람들에게 많은 인기를 얻고 있다. 나는 그러한 인기의 원인이 바로 가사에 있다고 생각한다.

"날 존중해줘요. 내게 있어 존중이 무엇일지 생각해봐요 R-E-S-P-E-C-T. Find out what it means to me."

'존중'의 열쇠는 바로 여기에 있다. '상대방의 입장에서 존중이 무엇일지 생각해보는 것' 말이다. '존중'하면 떠오르는 개념들이 있겠지만 그 정의는 사람마다 다르다. 나에게 존중은 무엇인지, 일상에서 '존중의 힘'을 어떻게 경험할 수 있는지가 중요하다.

존중의 사전적 의미는 '높여서 귀중하게 대하는 것'이다. 하지만 내가 내린 정의는 다음과 같다.

'다른 사람의 가치와 고유성을 인정하고, 그들에게 귀를 기울이며, 그 사람의 입장이 되어 생각해보는 것.'

한마디로 차이를 인정하며 그들의 입장을 존중하는 것이다.

영어 'respect'는 '존경'을 뜻하는 고대 라틴어 'respectus'에서 파생한 단어다. 're'는 '되돌아'의 의미를, 'specere'는

'본다'의 의미를 지니고 있다. 결국 존중Respect이란 자기 자신과 다른 사람을 '되돌아보는' 것이다.

존중은 다른 사람이 나를 어떻게 '되돌아보고' 있는가의 문제이기도 하다. 다만, 다른 사람의 존중을 받느냐 아니냐는 내가 결정할 수 있는 문제가 아니다. 그저 몇 가지 시그널을 통해 내가 존중받고 있는지 아닌지 판단할 수 있을 뿐이다.

경영자로부터 환영을 받는가? 이사의 팀원으로 선택받는가? 경영진이 내게 의견을 구하는가? 경쟁자와 비교해 차별 대우를 받는가? 간부가 내게만 퉁명스럽게 대하는가? 이러한 질문들을 스스로 던져보면 내가 일상에서 과연 존중을 받고 있는지 확인할 수 있다.

사업의 성공을 가늠하는 지표 중 하나가 바로 혁신성이다. 혁신은 쉽지 않지만 반드시 필요하다. 기업의 리더들은 끊임없는 혁신이야말로 기업의 성장과 성공의 발판이라고 주장한다.

그렇다면 존중은 혁신과 서로 관계가 있을까? 당연히 있다. 존중받는 직원일수록 긍정적인 마인드를 가지고 있으며 더욱 강한 도전정신을 보인다는 연구 결과가 있다.

하지만 아쉽게도 애니타가 일했던 회사는 존중이나 혁신과는 거리가 멀었다. 그녀는 노동 감독 기관에 다음과 같은 편지를 보냈다.

"우리 사장님은 자기 마음대로 규칙을 정합니다. 정작 본인은 지키지 않아요. 뭔가 일이 잘못되면 화만 냅니다. 직원들을 대할 때는 얕보는 태도로 자존심을 긁고, 말도 함부로 합니다. 채용을 할 때도 그렇지만 성과를 관리할 때도 깐깐하게 굽니다. 차별 대우를 하기도 하고요. 사장님이 유색인종을 싫어하기 때문에 회사에서는 유색인종을 찾아보기가 힘듭니다. 이직률이 높은 것도 모두 사장님 때문이에요. 한번 찍히면 회사 생활이 힘들 정도니까요."

애니타의 회사는 소위 '숨 막히는 회사'의 전형이었다.

당신은 어떤가? 이런 사장 밑에서 일하는 처지가 아니라서 천만다행이라고 생각하는가? 이 편지를 보면 왜 요즘 '시간 때우기'식 근무가 만연하는지 쉽게 알 수 있다. 출근은 하되, 최소한의 일만 하고 월급만 챙겨 집으로 돌아가는 풍토 말이다. 애니타는 첫 출근을 한 지 한 달도 지나지 않아 사명감을 잃었다고 털어놓았다. 그녀가 다니는 회사의 직원들은 사장에게 기대하는 것이 없다. 당연히 회사도 직원들로부터 얻을 수 있는 것이 많지 않을 것이다.

회사 또는 경영자가 직원들을 존중하지 않은 대가는 더욱 큰 부메랑이 되어 돌아오게 되어 있다. 의욕 저하와 낮은 생산성, 그리고 손실이다. 여기서 더 나빠지면 조직은 정신적 피로를 회피하려는 '게으른 사람들의 천국'으로 변한다. 대안을 모색하는 사람들은 다른 직장을 찾아 떠나고 회사는 발전 의지가 없는 사람들로 가득 찬다.

심리학자들은 다른 모든 조건이 같다면 사람은 자아상에 부합하는 방식으로 행동한다고 말한다. 헨리 포드도 이와 비슷한 말을 했다.

"모든 건 선택입니다. '할 수 있다'와 '할 수 없다'를 결정하는 것은 각자의 몫입니다. 존중이 있는 직장에서는 '할 수 있다'는 분위기가 강합니다. 반면 존중이 없는 직장의 사람들은 작은 실패도 견디지 못하고 스스로 포기해버립니다."

와튼스쿨의 바사데 교수와 라마라잔 연구원은 〈무엇이 직장을 힘들게 만드는가?: 조직의 존중이 번아웃에 미치는 영향〉이라는 흥미로운 논문을 발표했다. 바사데 교수는 인터뷰를 통해 이렇게 말한다.

"대부분의 직장에서 직원들이 갖는 가장 큰 불만 중 하나는 그들이 직장에서 하는 일에 비해 충분히 인정받지 못한다고 느낀다는 것입니다. 회사가 자신을 존중하지 않는다고 생각하게 되면 직원들은 번아웃에 빠질 가능성이 높습니다."

그러면서 라마라잔은 "직장인들을 진정으로 지치게 만드는 것은 특별한 어떤 일이 아니라 '회사 그 자체'인 경우가 많다"라고 말했다. 회사가 자신들을 전혀 존중하지 않는다고 느끼면 번아웃에 빠져 배신감과 수치, 나아가 분노까지도 느낄 수 있다. 또한 경영자나 상사로부터 인격 모독적인 대우를 받거나 비난을 당했을 때, 동료들 앞에서 비웃음거리가 되었을 때 번아웃에 빠질 가능성이 높아진다.

하루의 가장 많은 시간을 회사에서 보내는 만큼 직원들은 회사를 자신과 동일시하는 경향이 있다. 그들이 회사의 일원으로 존중받고 있다고 느낄수록 회사와의 일체감은 더욱 커지기 마련이다. 그러므로 존중은 직원들이 자

신의 일에 더욱 몰입하고, 그들이 하는 일이 의미 있다고
느끼게 하는 최고의 방법이다.

◆ Respect ◆

사람들이 돈이나 성공보다 더욱 갈망하는 것이
두 가지 있다. 바로 '인정'과 '칭찬'이다.

– 메리 케이 애시

존중하는 마음을 잃지 않을 때
기적은 찾아온다

　한 치 앞을 내다볼 수 없는 것이 우리네 인생이다. 인생
은 이따금 우리를 생각지도 못했던 곳에 데려다놓기도 한
다. 리 우드러프에게는 2006년 1월 28일이 그랬다. 결혼
한 지 4년이 된 그녀는 어느 날 아이들을 데리고 디즈니월
드에 놀러 가기로 했다. 갑자기 출장을 떠난 남편을 대신
해 아이들과의 약속을 지키기 위해서였다. 디즈니월드에
가는 것 말고는 여느 날과 다를 바 없는 평범한 일요일 아

침이었다.

리는 삶의 굴곡에 현명하게 대처할 줄 아는 여자였다. 남편은 직업 특성상 언제나 바빴다. 리는 그런 남편을 언제나 존중했다. 그래서 아이들을 혼자 돌보면서도 '당신 남편은 왜 아이들과 시간을 보내지 않느냐'는 주변 여성들의 질문 공세에 흔들려본 적이 없었다. 치과 예약은 물론 아이 학예회 행사에 이르기까지 남편의 공백은 컸다. 하지만 그녀는 남편을 자랑스럽게 생각했다.

"사랑하는 사람을 존중하는 것은 일종의 예의를 갖추는 것이라고 생각해요. 내 입장만 생각하고 상대에게 그것을 알아달라고 요구하기보다는 먼저 상대의 이야기에 귀를 기울이고 이해하려는 자세가 필요합니다."

지금 리 우드러프는 미국 전역의 여성들로부터 존경을 한몸에 받고 있다. 그 이유는 간단하다. 예기치 못했던 절망을 존중과 감사의 마음으로 극복할 줄 아는 지혜를 보여주었기 때문이다.

그날 리와 아이들은 아무것도 모른 채 디즈니월드에서 신나게 놀고 있었다. 같은 날 남편은 이라크 주둔 미군의 장갑차를 타고 이동 중이었다. 리와 아이들이 즐거운 시간을 보내고 있을 때, 장갑차 밖에서 폭탄이 터졌다. 장갑차의 몸체가 날아갔고, 남편은 뇌에 파편이 박히는 중상을 입었다. 의사들은 그가 살아남을 가능성이 매우 희박하다고 말했다. 그녀의 남편은 ABC 방송국의 기자 밥 우드러프였다. ABC 측은 사고 소식을 접하고 곧바로 리에게 연락을 취했다. 몇 시간 후 가족들은 전용기를 타고 그가 있는 이라크의 병원으로 날아갔다.

리는 이라크로 가는 내내 번민에 시달려야 했다.

'밥이 이라크에 출장을 가겠다고 했을 때 그를 말렸어야 하는 건데. 내가 반대했더라면 밥이 이런 일을 당하지 않았을 텐데. 나는 왜 그의 결정을 존중했던 것일까. 이건 전부 나의 잘못이 아닐까.'

그러나 그녀는 비행기가 이라크 공항에 착륙할 즈음, 마음을 고쳐먹었다.

'그의 결정을 존중하고 지지한 것은 전적으로 옳은 판단이었어. 그건 이미 지나간 일이야. 두 번 다시 돌아올 수 없다고. 지금 내가 해야 할 일은 그가 다시 살아날 수 있도록 도와달라고 신에게 기도하는 것밖에 없어.'

감사하게도 신은 그녀의 기도를 들어주었다. 밥 우드러

프는 기적적으로 목숨을 건졌다. 그는 혼수상태임에도 생명의 끈을 놓지 않았고, 마침내 사랑하는 아내의 손을 맞잡을 수 있었다.

죽음의 문턱에서 살아 돌아온 그가 회복되는 과정은 한 편의 드라마와도 같았다. 미디어의 관심도 부담스러울 정도였다. 그럴 만도 한 것이 밥은 ABC의 간판 뉴스 프로그램 〈월드 뉴스 투나잇〉의 앵커였으며 촉망받는 방송인이었다. 일간지며 타블로이드지, TV 프로그램 할 것 없이 모든 언론 매체가 '특종'을 외쳐가며 그의 재활 과정을 보도하기 위해 앞 다투어 몰려들었다.

병실 밖에 몰려든 미디어보다 리 우드러프를 더 괴롭게 한 것은 남편의 상태였다. 뇌에 심각한 부상을 입은 밥은 인지능력이 떨어져 사람들의 이름은 고사하고 간단한 단어조차 기억해내지 못했다. 리가 남편에게 해줄 수 있는 것은 아무것도 없었다. 하염없이 기다리는 것 외에는 말이다. 그런 상황에서 그녀는 무엇보다 남편의 존엄성을 지켜줘야 한다고 생각했다. 그래서 밥의 상태를 이해하고 존중하는 사람에게만 면회를 허용했다.

"가까운 친구나 가족 외에는 아무도 만나지 않았어요. '말도 제대로 못하는 바보가 되었다'고 떠벌리고 다닐 것 같은 사람들은 근처에도 오지 못하게 했지요. 남편은 그런 대접을 받아서는 안 되는 사람이거든요."

리는 남편을 오랫동안 간호하면서도 남편이 끝내 회복되지 못할 거라는 부정적인 생각을 떨치기 위해 부단히 노력했다. 그런 불안을 마음에서 몰아내는 데는 밥에 대한 사랑과 존중이 큰 도움이 되었다.

"남편을 대하는 저의 태도는 달라진 것이 없었어요. 간단한 단어조차 기억해내지 못하는 상태였지만, 저는 3개 국어를 하고 5개국의 신문을 섭렵하던 시절과 똑같이 남편을 존중했어요."

그러한 노력 끝에 또 한 번의 기적이 일어났다. 밥은 마침내 기억을 회복했고, 재활 과정을 거쳐 ABC 뉴스의 앵커로 다시 돌아왔다.

사고 후 4년이 지나자 물리적 외상은 거의 사라졌다. 현재 밥은 '밥 우드러프 재단'을 세워 자신과 같이 외상성 뇌손상을 입은 사람들이 첨단 치료를 받을 수 있도록 지원하고 있다. 부부는 기적적인 생환 과정을 책으로 펴냈고

책은 베스트셀러가 되었다.

다툼이 없는 결혼생활이란 있을 수 없다. 두 사람도 마찬가지였다. 하지만 상대를 존중하는 마음을 시종일관 잃지 않았기에 결혼생활을 이어가며 기적까지 경험할 수 있었다.

"살다 보면 기적과도 같은 감사의 순간들이 있습니다. 이런 축복을 경험하려면 감사하고 존중하고 사랑할 줄 알아야 해요. 결혼생활은 평등해야만 서로의 존엄성을 지킬 수 있어요. 평등한 관계를 원한다면 상대방을 먼저 생각하세요. 존중하는 마음이 있어야만 서로의 생각과 요구를 평등하게 수용할 수 있으니까요."

그녀는 지금도 그를 '인생이 준 선물'이라고 말한다.

◆ Respect ◆

결혼생활의 모든 것은 존중과 사랑이라는
두 주춧돌 위에서 이루어진다.
– 리 우드러프

PART

II

너와 나의
차이를 인정할 때
존중은 시작된다

◆

어느 마을에 다리를 저는 사람이 있었다.
철이 없던 그의 아내는 자기 남편을 놀리느라
그를 '절뚝이'라고 불렀다.
그러자 마을 사람들은 그녀를
'절뚝이 부인'이라고 불렀다.
부부는 짐을 싸서 먼 곳으로 이사를 갔다.
철이 든 아내는 남편을 '박사님'이라고 불렀다.
그러자 그 마을 사람들은 그녀를
'박사 부인'이라고 부르기 시작했다.
내가 먼저 존중해야 존중받을 수 있는 것이다.

전 세계 맥도날드 햄버거
맛이 다 다른 이유

맥도날드의 창업자 레이 크록이 가장 중요하게 생각하는 것은 '인간 존중'이다. 그는 언제나 '서로를 존중해야 함께 성공한다'고 역설해왔다. 그의 연설문은 존중에 관한 주제를 담은 경우가 많은데, 언뜻 보기에 대체 햄버거와 존중이 무슨 관계인가 싶은 의문도 든다. 하지만 많은 경영학자들은 전 세계 120여 개국에서 3만 개가 넘는 매장을 운영하고 있는 거대기업 맥도날드의 성공이 '존중 원칙'이란 토대에서 움직였기 때문에 가능했다고 평가한다.

어느 나라에 진출하든 맥도날드가 가장 먼저 신경을 쓴 것은 그 나라 사람들의 입맛에 어떻게 맞추느냐 하는 문제였다. 그들은 미국 본사 맥도날드의 맛이 세계 최고이며 맥도날드 맛의 유일한 기준이라고 생각하지 않았다. 맛을 느끼는 기준은 사람마다 다르며 그 차이를 존중해야 한다고 일찌감치 원칙을 정했기 때문이다(지금은 당연하게 여겨지지만 그 당시만 해도 그것을 깨달은 기업은 거의 없었다).

맥도날드의 이러한 존중 정신은 세계 진출에만 국한되지 않는다. 맥도날드 직원들은 자신의 정체성을 이렇게 정의한다. "우리는 햄버거 회사가 아니다. 햄버거를 만드는 사람들의 회사다." 미묘한 뉘앙스 차이지만 중요한 진실이 그 안에 담겨 있다.

바로 '햄버거'가 아닌 '사람(임직원)'이 주인공이라는 이야기다.

잘되는 기업에는 확실히 남다른 점이 있다. 학자들은 전략이나 시스템 같은 세련된 말로 포장하지만 그보다 근본적인 이유를 한마디로 정리하자면 '기업 문화'라고 할 수 있다. 기업 문화야말로 '그 회사를 그 회사답게' 만드는 토대이기 때문이다. 기업 문화에는 그 회사가 추구하는 기업 경영의 원리가 깔려 있다.

잘되는 기업들을 살펴보면 그들이 '피플 퍼스트People First', 즉 '직원 존중'이라는 원칙을 경영의 첫 번째 과제로 삼고 있다는 사실을 알 수 있다. 《포춘》선정 '미국에서 일하기 좋은 100대 직장'에서 2005년 1위, 2007년 3위에 오른 슈퍼마켓 체인점 웨그먼스Wegmans는 전면으로 그 의지를 외부에 드러낸다. 그들은 자신들의 경영철학을 이렇게 명시해놓고 있다.

"직원이 먼저, 고객은 그다음Employees First, Customers Second이다."

오늘날 기업들은 엄청난 경쟁과 변화의 소용돌이에 놓여 있다. 제품과 서비스, 기술 개발 등에서 무한 경쟁이 벌어지고, 특히 디지털 기술 분야에서는 하루가 다르게 혁신이 일어난다. 마케팅 기법도 마찬가지다. 그러나 이런 급격한 변화 속에서도 변치 않는 진리가 있다. 만족한 직원people이 만족한 고객customer을 만들고, 만족한 고객이 만족한 주주stockholder를 만든다는 사실이다.

회사로부터 존중받는 사람은 긍정적이며 사고가 유연해지고 포용력이 커진다. 편견에 사로잡히지 않으며 차이를 인정하고 받아들여 다양한 가능성에 눈을 돌릴 줄 안다. 이에 비해 존중을 받지 못하는 사람은 닫힌 사고를 갖게된다. 다양성을 인정하지 않으며 편견과 아집에 사로잡혀 자신과 다른 생각이나 관점에 대해 분노를 드러내는것이다.

30년 넘게 이 현상을 연구해온 코넬 대학의 앨리스 아이센 박사는 '긍정 마인드' 분야의 권위자다. 그는 다양한 실험을 통해 긍정적 마인드를 가진 사람들이 보다 유연한 사고를 통해 남다른 성과를 거둔다는 사실을 입증해왔다. 그런 사람들은 언뜻 보기에는 전혀 관련이 없는 것들 사이에서도 연관 관계를 찾아내는 능력이 다른 이들에 비해 훨씬 탁월하다.

그는 이 사실을 입증하기 위해 다음과 같은 실험을 했다. 한 그룹의 참가자들에게는 그들을 존중하는 이야기를 많이 해줌으로써 긍정적인 기분이 들도록 만들었다. 반면 다른 그룹에는 아무런 격려도 해주지 않았다. 그런 후에

다음과 같은 특정 단어들 간의 연관 관계를 찾아내라고
시켰다.

1. 아래 세 단어와 연관되는 한 단어는?
코티지cottage, 블루blue, 쥐

2. 아래 세 단어와 연관되는 한 단어는?
원자atomic, 잔디 깎는 기계mower, 외국

1번 문제의 답은 '치즈'(코티지 치즈와 블루 치즈는 치즈의 한
종류이며 쥐는 치즈를 가장 좋아한다.—옮긴이)고, 2번 문제의 답
은 '력力' 즉, 힘이다(atomic power는 원자력, power mover는 기
계식 잔디깎이를 의미하며 foreign power는 외세를 뜻한다.—옮긴이).
실험 결과, 존중을 받음으로써 긍정적 마인드를 갖게 된
사람들이 더 쉽게 답을 알아냈다. 문제의 정답을 맞히기
가 쉽지는 않지만 정답을 보면 금방 이해가 간다. 실험을
통해서도 알 수 있듯이, 존중을 통한 긍정적 마인드와 열
린 사고(창의성과 유연한 사고)는 분명히 연관 관계가 있다.
사회학자들은 인간의 가장 강한 욕구 가운데 하나로 '인

정욕'을 꼽는다. 사람은 누구나 존중을 받으며 존재감을 느끼고 싶어한다. 노력에 대한 칭찬도 받고 싶어 한다. 누구나 '나는 중요한 사람인가', '내 존재의 의미는 무엇인가'를 고민한다.

동시에 사람들은 어딘가에 소속되기를 원한다. 동료의 사소한 잘못을 눈감아주는 이유도 소속감을 깨고 싶지 않기 때문이다. 집단에서 서열을 통해 나의 위치를 파악하고 싶어 하고, 생존을 위해 동료에게 의존하기도 한다. 직장에 호감을 느끼는 동료들이 많으면 일의 성과도 높아지기 마련이다.

사람들은 자신을 특별한 존재로 느끼도록 해주는 일에 열정을 보인다. 창의적인 활동을 통해 즐거움을 느끼기도 하고, 일에 대한 사명감과 성취를 통해 만족감을 느끼기도 한다. 우리에게 행복을 느끼게 해주는 뇌의 행복 전달 물질은 늘 이처럼 '성공적인 인간관계'라는 전제 조건과 맞물려 작동한다.

새로운 업무를 부여받은 직장인들은 높은 실적을 내는 사람이든 낮은 실적을 내는 사람이든 모두 같은 생각을 한다. '내가 과연 이것을 해낼 수 있을까'부터 생각하는 것이다. 일을 잘하고 못하고는 자신의 능력과 타고난 재능을 어떻게 조화시켜 풀어 나가느냐가 관건인데, 이때 회사의 조직문화가 개인의 능력에 상당한 영향을 미친다.

잘되는 회사에는 '나는 충분히 할 수 있어. 내 힘만으로 어려우면 이걸 잘하는 사람의 도움을 받으면 되지'라는 분위기가 조성되어 있다. 바로 이것이 존중 문화의 힘이다.

존중 문화가 정착되어 있는 회사나 조직에는 개성이 강한 사람들이 유난히 많다. 그들은 각자의 일에 큰 자부심과 깊은 애정을 가지고 있다. 서로 다른 업무와 서로 다른 성격 때문에 자주 충돌을 빚기도 하지만 그런 차이가 어우러지면서 존중하는 문화를 더욱 발전시킨다. 세상을 놀라게 하는 상품이나 서비스는 그런 문화 속에서 꽃을 피운다는 사실을 우리는 애플이나 3M, 사우스웨스트항공 등의 사례를 통해 발견할 수 있다.

존중 문화가 힘을 발휘하는 결정적인 대목은 바로 '열린 조직'을 만들어낸다는 점이다. 다양한 사람들이 혼재되어 있는 문화는 마치 자석처럼 사람들을 끌어당긴다. 개성 만점의 인재들이 몰려들어 완전히 새로운 것들을 끊임없이 만들어낸다.

　이런 점에서 잘되는 회사는 출발부터가 다르다. 차이의 존중이라는 문화가 사람들의 호기심과 열정을 자극함으로써 남다른 출발점을 만들어내는 것이다.

◆ **Respect** ◆

만족하는 직원이 만족하는 고객을 만들고,
만족하는 고객이 만족하는 주주를 만든다.

천국과 지옥의 차이는
사소한 말 한마디로부터

여기, 놀랄 만큼 달라진 목재회사가 있다.

만나기만 하면 서로 으르렁대기 바빴던 직원들이 웃는 낯으로 서로에게 좋은 하루를 기원해준다. 불친절하고 고압적이었던 판매 담당 간부는 1층 로비까지 고객들을 배웅하러 나온다. 그런 예의 바른 행동에 대해 직원들은 한동안 '낯간지럽다'면서 툴툴거렸지만 차차 새로운 분위기에 적응해 동료와 고객을 존중하는 문화를 일궈가고 있다.

이 회사는 원래 항구에 버팀목용 목재를 대는 목재소로 출발했다. 초기 직원들은 대부분 부두 노동자나 화물 감독같이 소위 거친 일을 하던 사람들이었다. 지금의 사장이 회사를 인수해 사업을 다각화하고, 종합 목재회사로 탈바꿈시켰지만 과거의 거친 문화는 사라지지 않았다.

회사가 바뀐 뒤에 입사한 사람들은 그 속에 섞이느라 불만이 많았고 기존 직원들은 그들대로 자리를 빼앗길지 모른다는 불안감에 새로운 사람들에게 적대감을 드러냈다. 또 간부 집단은 나름 권위의 상징인 '욕설'을 입에 달고 살며 직원들에게 호통을 쳤다.

신입 사장은 계속 이런 식이라면 희망이 없다고 생각했다. 그는 고심 끝에 결단을 내렸다. 그리고 크리스마스를 앞둔 월요일, 전직원에게 메일 한 통을 보내고는 사라졌다. 메일의 내용은 이러했다.

"나는 앞으로 한 달 정도 휴가를 떠납니다. 어디로 갈지, 무엇을 할지 아무것도 정해지지 않았지만 어쨌든 출근은 하지 않을 생각입니다. 오랫동안 여러분들의 반목을 지켜보면서 힘들었습니다. 이제는 지쳤고, 넌덜머리가 납니다. 여러 번 개입도 해보았지만, 여러분들의 문제는 여러분들 스스로가 해결해야 한다는 게 지금의 결론입니다. 우리 회사에는 서로를 존중하지 않는 풍토가 만연해 있습니다. 하지만 더 이상은 안 됩니다. 휴가에서 돌아온 뒤 나는 결정을 내릴 것입니다. 여러분을 보고 판단을 내리겠습니다. 여러분이 계속 서로를 존중하지 않는다면, 그것은 사장인 나를 인정하지 않겠다는 뜻으로 받아들이겠습니다.

나는 존중받지 못할 사장 자리라면 차라리 포기하는 쪽을 택하겠습니다. 서로 반목하는 사람들로 가득한 지옥 같은 회사의 사장 자리는 나도 싫습니다. 그러나 여러분이 스스로를 바꾸겠다는 의지를 갖고, 상호 존중하는 회사를 만들기 위해 노력한다면 나는 전보다 열심히 뛰어 최고의 실적을 낼 것입니다. 반대로 변한 게 없다면 차라리 손해를 감수하더라도 회사를 넘기고 떠날 것입니다."

일을 계속하고 싶다면 서로를 대하는 태도부터 바꾸라는 초강수 조치였다. 하지만 사장은 최후통첩만 했을 뿐, 무엇을 어떻게 할지는 직원들의 몫으로 남겼다. 직원들은 사장의 편지를 읽고 나서 긴급회의를 열었다.

"이런 우라질! 우리더러 뭘 어떻게 하라는 건지 모르겠군."

"거봐! 벌써 욕을 하잖아. 그러니까 사장이 우리들을 싫어하는 거야."

한동안 험악한 말이 오가다가 누군가가 아이디어를 냈다.

"욕이나 상스러운 말 안 하기부터 해보면 어떨까."

"그러려면 인사부터 잘해야지. 서로 만날 때마다 반갑게 인사하는 것부터 실천해보자."

"다른 사람에게 미루지 말고 자기 뒷정리는 자기가 하는 것도 중요해. 항상 그것 때문에 싸우고 시끄러워지잖아."

"아니야. 이건 사장의 쇼일지도 몰라. 자기 재산을 모두 회사에 투자하고 은행에서 빚까지 끌어다 썼는데 어떻게 회사를 포기해? 두고 봐. 다음 주면 나타날 테니."

그러나 다음 주가 되어도 사장은 회사에 출근하지 않았다. 그가 정말로 계속 나타나지 않자 직원들은 동요하기 시작했다.

"그 일로 인해 직원들이 서서히 팀워크에 대해 눈을 떴습니다. 서로가 서로를 소중하게 여겨야 비로소 팀워크가 생긴다는 이치를 깨닫게 된 것이지요. 상대를 존중하는 마음은 말 한마디를 하더라도 상대를 배려하고 자제하는 행동으로 이어집니다."

실제로 사장이 돌아왔을 때, 상당수 직원은 말수가 유난히 줄어든 '과묵한 모습'을 보였다. 대화를 할 때에도 신경질을 부리고 상대방을 화나게 하는 오랜 습성이 튀어나올까 봐 말보다는 손짓과 제스처로 소통하는 방식을 택했기 때문이다.

이 모습을 본 사장은 회사를 떠나 있는 동안 생각해둔 아이디어를 실천했다. 주급 봉투 안에 격려의 메시지가 담긴 짧은 메모를 손수 써서 넣었던 것이다. 성경 구절을 인용하기도 했고, 감사 인사나 일상적인 이야기를 쓰기도 했다. 그는 그런 메모가 직원들의 변화에 더욱 좋은 영향을 줄 것이라고 확신했다.

여섯 달 정도가 지나자 비로소 효과가 나타나기 시작했다. 입만 열면 남의 속을 긁어놓던 간부가 자신의 팀원들에게 진심어린 사과를 했다. 상사와 모욕에 회사를 떠났던 여직원이 업무에 복귀했고, 각 부서가 존중 캠페인에 대해 토론을 하고 실천 계획을 세웠다. 사장이 주급 봉투에 넣어둔 메모를 싫어하는 사람은 없었다. 짧은 글이지만 힘이 되었다고 직원들은 입을 모아 말했다.

사장은 많은 시간과 노력을 들여 이러한 존중 문화를 만드는 이유에 대해 이렇게 설명했다.

"저는 다른 사람에게 상처를 받는 것도 싫고, 상처를 주는 것도 싫습니다. 직장이 매일 만나 서로에게 상처를 주고받는 곳이 될 때, 그곳엔 더 이상 꿈이 존재하지 않습니다. 지옥이지요. 단지 돈 몇 푼 벌려고 어쩔 수 없이 끌려 나가야 하는 곳 말입니다. 그런 지옥에서 무슨 희망을 찾을 수 있을까요."

이름을 밝히기를 끝끝내 거부한 사장은 "존중이라는 것을 모르던 직원들이 서로를 배려하고, 스스로 자제하려고 노력하는 과정을 지켜보면서 많은 감동을 받았다"며 "존중과 자제의 문화는 직장뿐만 아니라 학교, 더 나아가서 이 사회를 되살리기 위해서도 반드시 필요하다"고 역설했다.

서로의 차이를 이해하고 상대를 존중하는 태도를 통해 놀라운 발전을 이룬 회사는 또 있다. 온라인 결혼정보 회사인 더놋닷컴TheKnot.com이다. 더놋닷컴의 경영진들은 수시로 부서를 돌면서 직원들의 의견을 듣는다. 경영기획 또는 재무 파트와 영업 파트 간에 어떤 마찰이 있는지 파악하기 위해서이다. 사실 이들 부서 간의 마찰을 없애는 방법이란 있을 수 없다. 서로 정반대의 위치에서 일을 하기 때문이다.

어느 날, 경영 파트와 영업 파트 직원들 사이에 충돌이 일어났다. 경영진은 즉각적인 개입을 자제하고 양쪽 파트가 갈등을 어떻게 처리해 나가는지 지켜보았다. 두 부서는 상대방 때문에 일이 진척이 안 된다며 목소리 높여 서로를 비난했다.

그렇게 다툼이 이어지다가 어떤 직원이 인센티브를 놓고 선의의 경쟁을 하자는 아이디어를 제안했고, 다른 직원은 양쪽 부서 간에 교차 교육을 실시해보는 것이 어떻겠느냐는 의견을 내놓았다. 서로를 이해하기 위해 상대 부서의 업무 프로세스를 배워보자는 취지였다.

결과는 어땠을까? 교육을 실시한 이후, 서로를 대하는 태도가 조금씩 달라지기 시작했다. 입장을 바꾸어 업무를 파악해보니 상대방을 조금이나마 이해하게 된 것이다. 양쪽은 그렇게 인식의 간극을 좁히는 데 성공했고, 서로의 차이를 인정하고 그 틀 안에서의 협력을 모색하기로 했다.

뉴욕 대학 심리학과 톰 타일러 교수는 "직원들에게 서

로의 차이에 대해 익숙해질 수 있는 기회가 부여된다면 조직 내 마찰을 최소화할 수 있다"고 말한다. 직원들이 서로 부딪혀가며 예의와 존중을 직접 체득할 때까지 지켜보아야 한다는 뜻이다.

이렇듯 조직 내의 사람들이 서로의 차이를 이해하고 다양한 경험과 관점을 표현하는 일 자체가 존중받는다는 느낌을 줄 때 직원과 회사가 함께 발전할 수 있다. 당신이 일하는 곳이 천국이 될지 지옥이 될지는 대단한 것에 있지 않다. 당신의 사소한 말 한마디, 작은 행동 하나에 달려 있다.

♦ Respect ♦

자기 노력을 존중하고 스스로를 존중하세요.
존중은 절제로 이어집니다. 존중과 절제를 모두 갖출 때
진정한 힘이 생깁니다.

– 클린트 이스트우드

상대에게 필요한
'진정한 선물'은 무엇일까

미셸 와이너 데이비스는 결혼생활을 시작하며 굳은 각오를 다졌다.

'나는 반드시 행복한 결혼생활을 할 거야.'

그녀의 부모는 그녀가 열여섯 살 때 오랜 결혼생활을 정리하고 이혼을 선택했다. 부모의 이혼은 그녀에게 커다란 충격이었다.

"부모님이 싸우는 모습을 본 적이 없었어요. 그런데 어느 날, 엄마가 '나는 행복하지 않다'고 말씀하셨죠. 그러고서 두 분은 바로 이혼을 하셨어요. 그때까지 저는 전혀 눈치를 채지 못했습니다."

그녀는 결혼을 하면서 '내 사전에 이혼은 없다'고 다짐했다. 그것을 지키려고 혼신의 힘을 다했다. 신혼 때는 문앞까지 나가 남편을 맞이했고, 남편이 자동차를 수리할 때는 시원한 음료를 준비해 옆에서 도왔다.

그녀의 관심은 온통 남편에게만 쏠려 있었다. 남편의 모든 것이 궁금한 나머지, 밖에서 어떤 일이 있었는지 꼬치꼬치 캐물었다. 마치 엄마가 자신에게 그랬던 것처럼 말이다.

"엄마는 저에게 모든 주파수를 맞추셨어요. 학교에서 돌아오면 곧장 오늘 하루는 어땠는지, 별일은 없었는지, 누구랑 싸우지는 않았는지 일일이 물으셨어요. 그런데 저도 모르게 그걸 남편에게 하고 있더라고요."

남편에게 그것은 '반갑지 않은 선물'이었다. 남편은 그녀의 질문 공세에 녹초가 되었다. 남편의 대답이 채 끝나기도 전에 미셸의 또 다른 질문이 꼬리에 꼬리를 물고 이어졌기 때문이다.

어느 날 남편이 그녀에게 소리를 질렀다.

"됐어! 미셸! 이제부터 말 안 할 거야. 당신은 내 말을 제대로 듣지도 않으면서 질문만 퍼붓고 있잖아. 날 좀 내버려둬!"

남편에게 혼자만의 시간을 주기까지는 한참의 시간이 걸렸다. 미셸은 그가 말을 할 때까지 기다리기가 좀처럼 힘들었다. 그러다가 새로운 사실을 깨달았다. 때로는 남편을 있는 그대로 존중하는 것이 그에게 진정한 선물이라는 것을 말이다. 자꾸 질문을 던져 그의 사랑을 확인해야 할 이유는 없었다.

미셸은 지금 자신의 경험을 살려 지역사회에서 상담 봉사활동을 벌이고 있다. 그녀는 자신이 하는 일을 '이혼 물리치기'라고 부른다.

그녀는 남편과 20년이 넘도록 행복하게 살고 있지만, 요즘에도 '서로 맞지 않는 부분'을 새롭게 발견한다는 사실에 놀란다고 한다. 부부간의 존중에 대한 생각만 해도 차이가 있다.

"남편과 아내가 생각하는 존중의 개념은 서로 달라요.

아내는 '당신이 나를 존중한다면 같이 시간을 보내야만 해'라고 말합니다. 반면 남편은 '당신이 나를 존중한다면 나 혼자만의 시간이 필요하다는 것을 이해해야 해'라고 말합니다. 혼자만의 시간에서 나올 때까지 기다려달라는 것이죠. 이렇게 내가 생각하는 존중과 상대가 생각하는 존중이 다를 수 있습니다. 저는 부부들에게 말합니다. 서로를 믿고 기다릴 줄 알아야 사랑을 꽃피울 수 있다고 말입니다."

결혼생활에서 '존중'을 실천하려면 대화가 가장 중요하다. 미셸은 상대를 존중해 기다리는 일도 중요하지만, 자신의 요구를 말해야 할 때는 정확한 표현을 사용하는 지혜도 필요하다고 조언한다. 두루뭉술하게 이야기하면 오해만 커질 뿐이다. 예를 들어 혼자만의 시간을 원한다면 배우자에게 구체적으로 "집에 왔을 때 딱 30분만 숨 돌릴 시간을 주면 좋겠어"라고 말해야 한다. 미셸은 이렇게 조언한다.

"원하는 것을 이야기할 때는 '구체적이고 행동을 요청하는 말'을 사용해야 합니다. '당신이 좀 더 자상했으면 좋겠어'라고 말하기보다는 '내가 부탁하지 않아도 쓰레기를 버려줬으면 좋겠어'라고 구체적으로 말하는 것이 좋습니다.
그래야만 상대가 당신이 원하는 것을 들어줄 수 있으니까
요."

◆ **Respect** ◆

사랑의 첫 번째 의무는
상대방의 말에 귀 기울이는 것이다.

– 폴 틸리히

폭력과 존중은
한곳에 있을 수 없다

아이들의 우정은 꽃과도 같다. 영양분을 주면 활짝 피어난다. 그리고 그 우정의 영양분은 다름 아닌 '존중'이다.

당신의 어린 시절을 되돌아보자. 한때는 친구라고 생각했던 많은 이들의 얼굴이 스쳐 지나갈 것이다. 아무리 친했던 사이라도 서로에 대한 존중이 사라지는 순간, 그 우정은 쉽게 시들어버린다.

앤은 리사를 좋은 친구라고 생각했다. 학교 과제에서

한 팀이 되어본 적도 있거니와 개인적으로도 같이 놀러가기도 하던 사이였기 때문이다. 그런데 어느 날부터인가 둘 사이에 이상 기류가 생겼다. 리사가 약속을 잡아놓고 번번이 취소하는 것이었다. 학교에서 마주쳐도 못 본 척 하기 일쑤였다. 앤은 자신이 리사에게 '심심풀이 친구'로 이용당했다는 사실을 깨달았다. 존중받지 못한 것이다. 앤이 그 사실을 알게 되었을 때, 리사는 다른 아이들과 어울려 다니며 앤에 대해 좋지 않은 소문을 내기 시작했다.

앤은 체육 수업이 끝난 후 리사에게 자신을 왜 그렇게 대하는지 이유를 물어보기로 했다. 하지만 그녀는 대답을 들을 수 없었다. 리사가 앤이 다가서는 것을 보고 비명을 질렀고 몇몇 여학생들이 달려와 앤을 바닥에 넘어뜨린 채 마구잡이로 폭행을 가했기 때문이다.

'집단 괴롭힘 자살bullycide'이라는 신조어를 들어본 적이 있을 것이다. 10대들의 상황이 얼마나 심각하면 이런 용어가 만들어졌을까 싶어 씁쓸하기만 하다. 친구들의 집요한 괴롭힘과 모욕, 폭행에 시달리다 보면 아이들은 유일한 탈출구로 '죽음'을 생각하게 된다.

오늘날 10대의 자살률은 우리의 상상을 뛰어넘을 정도로 높다. 학생들을 위한 반폭력 인권 단체인 '파괴적 행동에 반대하는 학생들Students Against Destructive Decisions'의 조사에 따르면 코너에 몰린 아이들은 평균 42초에 한 번씩 자살을 생각한다고 한다. 따돌림으로 인한 한 학생의 자살 소식이 전해지면 미국 내에서 또 다른 여섯 건의 모방 자살이 일어난다는 통계가 발표된 적도 있다.

《미국 의학협회 저널》에 따르면, 12~18세 사이의 청소년 세 명 중 한 명은 학교에서 괴롭힘을 당하고 있다고 한다. 21퍼센트는 놀림을 받고 있으며 18퍼센트는 거짓 루머의 대상이 되고 있다고 한다. 또한 남학생의 53퍼센트와 여학생의 37퍼센트가 괴롭힘에 동조한 경험이 있다고 답했다. 특히 가해자 아이들은 권력을 얻기 위해 피해자 아이를 괴롭히는 경향이 뚜렷하다. 공격적인 아이가 '멋진 남자' 또는 '영웅'으로 통하는 경우까지 있다.

그러나 친구를 괴롭히는 아이가 영웅이라는 인식은 잘못되어도 한참 잘못된 것이다. 오히려 그 반대다. 중학생 때 집단 괴롭힘을 주도했던 남학생 가운데 60퍼센트가 성인이 된 이후 전과자가 되었다. 특히 그들 중 40퍼센트는

24개 이상의 전과를 가지고 있는 것으로 나타났다.

이런 경우 피해자 아이가 받는 충격은 상상 이상이다. 불면증과 불안증에 시달리고, 학교에 자주 결석을 하게 되며 성적도 떨어진다. 그래서 더욱 좌절한다. 선생님으로부터도 존중받지 못하니 세상에 홀로 남겨졌다는 절망에 빠지고 만다.

조사에 따르면 교사의 70퍼센트가 학교에서 집단 괴롭힘이 발생하면 '대부분 개입을 한다'고 답했다. 하지만 선생님들의 생각과 달리 집단 괴롭힘은 교사가 모르게 일어나는 경우가 대부분이다. 실제로 선생님이 적절하게 개입한다고 답한 학생은 25퍼센트에 불과했다.

여기에 가해 학생의 부모들은 "내 아이가 그럴 리가 없어요. 뭔가 오해가 있는 게 틀림없어요" 라는 말로 피해자 아이들에게 2차 가해를 한다. 이렇게 말하는 부모 중 93퍼센트는 자신이 아이를 적절하게 통제하고 있다고 생각하지만 가해 학생의 말을 들어보면 그것 역시 사실과 다르다. 심지어 인터넷에서 무슨 짓을 하는지 부모가 알지 못한다고 응답한 아이가 절반에 가까운 45퍼센트나 되었다.

10대는 그들이 속한 그룹에서 더 인정받기 위해 친구 관계를 깨뜨리고 친구를 따돌리는 '관계적 폭력'을 많이 자행하지만 그럴수록 더 큰 외로움에 빠진다는 연구 결과도 있다. 스페인 파블로 올라비데 대학 모레노 루이츠 교수 팀은 11~16세 학생 1,319명을 대상으로 폭력과 외로움의 상관관계를 알아보는 설문조사를 실시했다.

그 결과 10대들은 그룹 안에서 존중받기 위한 도구로 폭력에 가담하는 것으로 드러났다. 그러나 따돌리기와 폭력에 가담하는 학생들은 오히려 더한 외로움을 느꼈고, 자존감과 삶의 만족도가 현저히 떨어졌다. 그래서 다시 폭력에 가담하는 악순환에 빠지는 것으로 분석됐다. 반대로 외로움을 덜 느끼며 자존감과 삶의 만족도가 높은 학생은 따돌림에 가담하지 않았다.

연구 내용을 요약하면, 스스로 존중받지 못한다고 느낀 아이들이 무리로부터 존중받기 위해 친구 가운데 먹잇감을 찾아내 희생양으로 삼는다는 것이다. 그렇게 함으로써 자신이 존중받으리라 생각하지만 원하는 결과가 나오지 않으므로 그보다 더한 자극을 추구하는 등 악순환에 빠지게 된다는 얘기다. 연구진은 "따돌림이 주는 상처로부터 피해자와 가해자 모두를 지켜내기 위해서는 지속적인 존엄성 교육 프로그램이 실시되어야 한다"고 지적했다.

요즘 10대들은 치열한 경쟁과 극심한 스트레스로 인해 존중이라고는 찾아볼 수 없는 환경 속에서 자라고 있다. 그런 환경을 만들고 더욱 악화시키는 것은 결코 10대들의 잘못이 아니다. 그들을 경쟁과 스트레스로 더욱 몰아넣는 건 바로 우리 어른들이다. 아이들에게 충분히 시간을 내어 어려서부터 존중의 귀중한 가치를 가르치지 않은 우리 어른들의 잘못이다.

지금이라도 늦지 않았다. 아이들과 함께 존중의 가치에 대해 이야기하고 생각을 공유할 시간을 마련하자. 많은 시간을 들일 필요도 없다. 함께 앉아 밥을 먹으며 대화하는 것만으로도 충분하다.

아이가 진정으로 잘되기를 원한다면 수학과 과학 점수를 챙기는 시간의 절반만이라도 존중에 대해 토론하는 시간을 가져야 한다. 나중에도 살펴보겠지만 삶의 진정한 성공은 '존중하는 자세'에서 비롯되니까 말이다.

10대를 위한 존중의 법칙

· 내가 좋아하는 것의 우선순위를 정하자.

· 나만의 능력을 개발하자.

· 친구들을 돕는 마음을 기르자.

· 나만의 성공을 정의해보자.

· 내 말에 귀를 기울여주는 친구를 찾고 상대의 말에도 귀 기울이자.

부모를 위한 존중의 법칙

· 아이들의 말에 귀를 기울이자.

· 일방적인 판단을 자제하자.

· 아이들이 생각하는 '존중'의 정의에 대해 들어보자.

· 아이들에게 문제 해결 방법을 가르치자.

· 아이의 재능에 대해 감사하는 마음을 갖자.

존중받은 선생님만이
존중을 가르칠 수 있는 법

오늘날 미국의 많은 교사들이 과중한 업무와 박봉에 시달리면서도 존경은커녕 인정조차 받지 못하는 현실에 처해 있다. 이는 비단 미국만의 문제가 아니다.

교사들이 처음 교사를 직업으로 선택하는 이유는 대부분 가르치는 즐거움을 느끼기 위해서, 그리고 사명감 때문이다. 초임 교사들에게 왜 이 직업을 선택했는지 물으면 비슷한 대답이 돌아온다.

"아이들의 교육과 사회에 기여하고 싶어서요."

"교사직에 사명감을 느끼고 있습니다."

그러나 5년이 지난 뒤 그들에게 물어보면 똑같은 대답을 하는 사람은 절반 이하로 줄어든다. 5년 사이에 학교를 떠나는 교사도 많다. 그 이유는 무엇일까? 한 교사의 이야기를 들어보자.

"먼저 학생들이 공부하겠다는 자세로 학교에 나와야지요. 그리고 학생들에게 좋은 학습 환경을 만들어주려면 교사와 부모가 서로 존중하고 협력해야 합니다. 이런 분위기만 조성된다면 일할 맛이 날 겁니다. 그러나 현실은 어디 그런가요?"

요즘 학생들은 앞에 서서 뭔가를 열심히 이야기하는 어른에 대해 눈꼽만큼의 존경심도 보이지 않는다. 그저 성가셔 할 뿐이다. 교실 안에서나 복도, 식당에서 욕설이 들리고 매일 주먹다짐이 벌어진다. 웬만한 학교 입구에는 금속 탐지기가 설치되어 있다. 이것마저 없었더라면 주먹다짐 수준에서 그치지 않을 거란 사실을 교사와 학생들모두 잘 알고 있다.

학생들의 반항과 무시에 고민하다가 교장실을 찾아도 뾰족한 해답은 보이지 않는다. 과중한 업무와 관료적 요구사항만 늘어날 뿐이다. 이쯤이면 교사를 천직으로 생각했던 과거의 자신을 부정하고 다른 일을 고민하게 된다는 게 교사들의 고백이다.

학생들의 부모 또한 학교를 떠나게 만드는 장본인이다. 다른 교사의 이야기를 들어보자.

"진정한 교사가 되겠다는 꿈은 얼마 지나지 않아 물거품이 됐습니다. 사사건건 문제를 일으키는 아이의 부모에게 학교에 와달라고 했어요. 아이가 학교에서 어떤 짓을 저지르고 다니는지 알게 되면, 그 부모가 충격을 받지 않을까 걱정까지 하면서 말이죠."

하지만 그 교사의 걱정은 착각에 불과했다. 부모는 오히려 교사가 멀쩡한 아이를 괴롭혀 아이의 학업에 지장을 주고 있다는 주장을 폈다. 교장에게 항의를 하는 것도 모자라 지역 언론사에 제보를 하기까지 했다.

"그런 마음고생을 한 후에야 문제의 핵심이 뭔지 깨달았습니다. 교사에 대한 아이의 태도는 그 부모한테서 나오는 거였습니다. 가정교육이 제대로 이뤄지지 않은 겁니다. 한편으로는 교사에 대한 우리 사회의 인식을 읽을 수 있었습니다. 미국에서 교사는 존중받을 가치가 없는 존재가 되어버린 것이죠."

진지하게 생각해보자. 세상으로부터 존중받지 못하는 교사가 과연 학생들에게 '남을 먼저 존중해야 너도 존중받을 수 있다'고 가르칠 수 있을까. 우리가 선생님들을 이토록 폄하하고 무시하면서 말이다.

미국의 교육이 지금처럼 뿌리째 흔들리는 데는 존중의 실종이라는 근본 원인이 작용하고 있다. 교육에서 존중을 가르치지 못하니까 관용을 잃어가며 분노의 목소리만 높여가고 있는 것이다. 지금과 같은 추세라면 언젠가 교사들 가운데 상당수가 교직을 떠나고 말 것이다.

루이지애나 주는 학교 내 존중의 실종에 가장 발 빠르게 대처했다. 1999년 주의회는 미국 내에서 최초로 '예의범절법'을 통과시켰다. 학생들은 교사나 교직원에게 반드시 '선생님'이라는 호칭을 붙여야 한다는 내용이었다.

이 법안 주창자의 아내인 돈 크라빈스는 과거 공립학교

교사였다. 하지만 무조건 아이를 싸고도는 부모들의 태도에 좌절을 느끼고 교사직을 포기했다. 법안이 통과되었을 때 그녀는 ABC 뉴스에 출연해 "오늘날 학교에 난무하는 무례와 폭력을 바로 잡을 수 있는 유일하고도 강력한 해결책은 서로 존중하는 법을 가르치는 것밖에 없다"고 말했다.

존중받는 선생님은 아이에게 존중을 가르치고, 마침내는 아이의 삶을 바꾸어놓는다. 구제불능이라고 손가락질을 받던 학생이라도 얼마든지 바뀔 수 있다. 존중은 선생님들에게 기운을 불어넣는 필수 비타민 같은 것이다.

중학교 교사인 수잔 워드는 학생들에게 존중의 가치를 몸소 보여주려고 노력한다. 그녀는 한 해를 시작할 때면 언제나 학생들에게 이렇게 말한다.

"저는 여러분을 존중할 것입니다. 수업에는 준비 없이 나서지 않을 것입니다. 여러분도 그렇게 해주세요. 여러분의 리포트를 꼼꼼히 읽고 내 생각과 의견을 말할 겁니다. 여러분에게 도움이 되는 수업을 하도록 노력할 것입니다. 내가 여러분을 존중하면 여러분도 나를 존중할 거라고 생각합니다."

이렇게 자신이 생각하는 존중의 의미를 명확하게 밝히는 것이다. 그리고 이것은 실제로 효과가 있었다.

작년에 우등반 아이들을 가르쳤던 그녀는 올해 학교로부터 학습 부진 학생들을 맡아달라는 요청을 받았다. 반 친구들보다 나이는 많지만 진도를 따라가지 못해 유급된 학생들로 대부분은 문제아들이었다.

"학교생활에서 성공을 경험해보지 못한 아이들이었어요. 솔직히 말하자면 긴장이 되었죠. 공부할 의욕이 없는 아이들을 어떻게 다뤄야 할지 고민이었거든요." 하지만 수잔은 아이들에게 높은 기대치를 두기로 했다. "저는 학생들에게 '여러분이 영재가 아니라는 것은 나도 알고 있다'고 말했어요. 하지만 중요한 것은 학교 성적보다 자신을 아끼는 것이라고 가르쳤습니다. 일종의 인생 수업이었던 셈이죠. 스스로를 돌보고 자기 자신의 편에 서야 한다고 말했어요. 무엇이 옳고 그른지에 대해 이야기를 나누었지요."

아이들과의 대화는 확실히 효과가 있었다. 한 학기가 끝날 즈음 학생들과 개인 면담 시간을 가졌다.

"매 학기 말에는 아이들과 면담을 하는데, 그동안 어땠는지를 아이들에게 물어봅니다. 어떤 수업이 좋았는지, 가장 크게 배운 점은 무엇인지, 불만은 없었는지를 말입니다. 아이들의 말을 듣고 놀랐어요. 한 아이는 '학교에 다니면서 이러한 존중을 받아본 게 처음'이라면서 눈물을 흘리더군요. 제가 다른 사람들과 달리 한 번도 자신을 무시하는 투로 대하지 않았다고 말이죠. 그 아이의 입장을 생각해보니 나도 눈물이 나더군요."

아이들을 존중하는 수업은 학업 면에서도 효과가 있었다. 그동안 다섯 차례나 유급을 했던 학생이 처음으로 시험을 통과했고, 어떤 아이는 목표 점수를 훨씬 뛰어넘기도 했다.

"학생들에게 던지는 말 한마디가 얼마나 중요한지 다시 한 번 깨달았어요. 그래서 저는 언제나 존중하는 태도를 잊지 않으려고 노력합니다. 다른 수업이나 가정에서 존중받지 못하는 아이들이라면 더욱이요."

수잔 같은 선생님을 만난 아이들은 존중을 배우고 그렇게 배운 존중을 실천한다. 또한 그 존중을 자신의 아이들에게 가르친다. 그렇게 건강한 사회의 시민들이 만들어지는 것이다.

선생님들을 위한 존중의 법칙

· 학생들의 일에 관심을 보인다.

· 학생들에게 선택권을 준다.

· 학생들의 의견을 모아서 존중의 의미를 정
  의한다.

· 남을 존중하는 모범적인 행동에 대해 보상
  을 한다.

54년의 파트너십을
이끌어온 열쇠

세계 최대 금융 그룹인 씨티그룹을 설립해 미국 내 최고 부자 중 한 명이 된 입지전적인 인물 샌디 웨일은 아내 조앤과 함께 54년이라는 긴 세월을 함께했다. 지금은 미국에서 손꼽히는 부자 중 한 명이지만 결혼 초만 해도 맞벌이가 아니면 생활이 어려울 정도로 그의 벌이는 매우 좋지 않았다.

"월가의 맨 밑바닥에서 출발했어요. 첫 직장이었던 베

어스턴즈 증권사에서는 메신저로 일했습니다. 말 그대로 브로커들에게 투자 정보를 전달해주는 일이었죠. 월급이 얼마나 됐겠어요?"

그는 한때 신용카드 회사의 2인자 자리까지 올랐지만 이사회 멤버들에게 따돌림을 당했다. 독립하려고 그 회사 사업 일부를 인수하려고도 했으나 결국 실패하고 말았다. 야심차게 또 다른 기업을 인수하기 위해 투자자를 모았던 일도 실패로 돌아갔다. 계속된 실패 후 그는 한동안 실업자로 지내야 했다.

이러한 롤러코스터 같은 삶을 살다 보면 부부 관계도 당연히 영향을 받을 수밖에 없다. 배우자가 그 스트레스를 견딜 수 없는 것이다. 하지만 웨일 부부는 달랐다. 두 사람 사이에는 '파트너'라는 의식이 강하게 자리 잡고 있었기 때문이었다. 샌디는 서로를 존중하는 결혼생활이 마치 회사의 파트너 관계와 같다고 말한다.

"자신의 방식을 강요하지 않고 상대방의 생각을 이해하려고 노력하는 것이 가장 중요합니다."

사실 샌디 웨일에게는 아픈 기억이 있었다. 대학교 마지막 학기 재학 중에 아버지와 어머니가 이혼을 하려 했기 때문이다. 샌디는 학업까지 중단해가며 부모님 사이를 회복시키려 했지만 결국 두 분은 헤어지고 말았다. 샌디는 남들보다 한 해 늦게 졸업을 해야 했다.

샌디는 아버지처럼 살지 않기 위해 노력했고 그렇게 부인 조앤과 54년째 같은 이불을 덮고 있다. 아내를 파트너로 존중해 인수합병 협상과 같은 중요한 모임에도 언제나 함께 다니는 것으로 유명하다. 샌디는 서로의 차이가 부부 생활에 오히려 도움이 된다고 말한다.

"나와 똑같은 사람을 만나 결혼하기란 매우 어렵습니다. 나와 생각이 다른 사람을 만날 가능성이 훨씬 높죠. 그래서 조화와 균형이 필요한 것입니다."

그는 항상 자신의 성공을 인생 파트너인 아내의 덕으로 돌린다. 아내와의 치열한 논쟁을 통해 금융 전문가들도 생각하지 못했던 혁신적인 아이디어를 얻을 수 있었고, 그것을 발판으로 높이 도약할 수 있었다는 것이다.

"아내와 논쟁을 하면 적당히 양보를 하고 물러나는 법이 없습니다. 자신의 주장을 펴는 동시에 상대의 허점을 집요하게 공격하죠. 매우 주의를 기울여야 하는 방식입니다. 자칫 흥분을 하면 인신공격이 될 수도 있거든요. 상대방의 다른 생각을 존중하면서 나의 감정을 절제해야 좋은 논쟁이 벌어지지요."

이들 부부가 논쟁하는 목적은 이기고 지는 데 있지 않다. 진심을 다해 더 나은 결론을 얻기 위해 토론을 하는 것이다. 이따금 적당히 넘어가고 싶은 유혹에 빠지기도 하고, 감정이 격해지기도 하지만 그럴 때마다 3분가량의 '아이디어 정리 시간'을 갖고 다시 논쟁을 시작했다.

"처음에는 같은 입장만을 반복하는 듯 보일 수도 있어요. 그러다가 조금씩 새로운 관점이 제시되고, 나중에는 차원이 다른 해법이 불현듯 등장합니다. 얘기를 하다 말고 서로의 얼굴을 보면서 놀랄 정도로 말이죠. 사업뿐만이 아닙니다. 집안에 중대한 문제가 생기는 경우에도 그런 식으로 색다른 해법을 도출해냅니다."

54년 동안 서로에게 믿음직스러운 파트너가 되어온 샌디-조앤 웨일 부부. 그들의 성공 비결은 서로의 차이를 존중하되 자제하면서도 치열하게 논쟁하는 가정 문화에 있었다.

"아내는 저에게 엄청난 영향을 주었습니다. 저는 원래 수줍은 성격이었는데 아내를 만나고 달라졌어요. 아내가 제 안의 유머 감각과 토론 능력을 끌어내줬지요. 그뿐인 가요? 이기적인 사고를 하던 나에서 벗어나도록 도와줬어요. 리더로서 다른 사람의 말에 귀 기울일 수 있는 사람이 된 것이지요."

그가 인수했던 씨티그룹의 모든 회사들에게 주말 행사를 잡지 못하도록 한 것 역시 아내와의 논쟁을 거친 뒤에 내린 결정이었다. 직원들이 가정에서 제 역할을 할 수 있도록 말이다.

아내 조앤은 오히려 남편이 회사 일을 함께 논의하고 자신의 의견을 잘 들어주는 것이 고맙다고 말한다.

"사랑과 존중은 행복한 결혼생활의 바탕입니다. 그러나 두 사람의 의견이 언제나 일치하고 서로에 대한 불만도 없다면 그건 더 이상한 겁니다. 마찰이나 논쟁이 없는 결혼생활은 언제 터질지 알 수 없는 시한폭탄과 같은 것이라고 생각해요. 수시로 다르다는 사실을 확인하고 논쟁을 벌이는 게 좋습니다. 이기기 위해서가 아니라 더 좋은 방향을 잡기 위해서죠. 감정 싸움이 되지 않으려면 절제해야 하고요. 그렇게 하다 보면 진정한 파트너십이 무엇인 지 깨닫게 될 겁니다."

✦ Respect ✦

우리가 어떤 이를 존중한다고 해서
그를 항상 사랑하는 것은 아니다.
그러나 어떤 이를 사랑한다는 것은
그를 존중한다는 의미를 늘 내포하는 것이다.
- 크리스틴 드 스웨드

위기를 기회로 바꾼
'사람의 가치'

2005년 메이 백화점을 인수해 합병한 메이시스Macy's 백화점. 성공적인 합병으로 메이-메이시스 백화점은 110억 달러 규모를 자랑하는 미국 내 최대 유통업체로 거듭났다.

그러나 당시의 합병은 메이시스의 테리 룬드그렌 사장에게 어려운 과제를 던져주었다. 서로 다른 기업 문화를 융화시키고, 새로운 조직을 꾸리고, IT 시스템을 통합해야 했기 때문이다. 게다가 회사 이름까지 바꿔야 했다. 그중 가장 곤혹스러운 것은 중복 점포 정리 문제였다.

룬드그렌 사장의 성공 비결은 다 쓰러져가는, 부도 직전의 회사를 싼값에 인수해 다시 흑자회사로 전환시키는 뛰어난 경영 능력에 있었다. 하지만 그 이면에는 대규모 인원 정리와 비용 감축이라는 냉정함도 함께 존재했다. 싼값에 사들인 기업을 흑자 전환시킨 뒤에는 최고의 수익을 올리는 부분에 역량을 집중시켰다. 그런 다음 나머지는 가차 없이 없애버린다.

그래서 룬드그렌 사장에게는 언제나 '잔인하고 매정하며 인색한 경영자'라는 꼬리표가 따라다녔다. 그가 인수한 기업에서는 예외 없이 수백 명의 직원들이 해고됐고, 작은 비용까지 세세하게 통제하는 방식으로 비용을 줄여 흑자를 만들어냈기 때문이다.

두 회사의 합병은 매 순간 위험이 따르는 어려운 작업이었다.

시카고 같은 도시에서는 유서 깊은 백화점이 사라질지 모른다면서 분개하는 주민과 단체들이 들고 일어났고, 지역 신문들은 메이시스에 대해 부정적인 기사들을 쏟아냈다.

'M&A 사기꾼이 직원들을 모두 해고하고, 회사를 쪼개서 팔아먹고, 결국에는 부동산까지 모두 매각한 뒤 철수할 것이다.'

그러나 룬드그렌 사장은 화를 내지도 서두르지도 않았다. 룬드그렌 사장이 가장 먼저 한 일은 각 지역을 돌면서 정치인들과 일대일로 만나는 것이었다. 시카고나 세인트루이스, 보스턴 같은 주요 도시의 시장과 의원들을 찾아가 회사의 계획을 설명했다. 다음 선거에서 지원하겠다는 약속도 잊지 않았다. 그렇게 마지막으로 남은 도시가 LA였다.

LA를 비롯한 서부에는 메이 백화점의 지점들이 몰려 있었다. 당연히 메이시스와 겹치는 점포가 많았다. 메이 백화점에 비해서는 메이시스의 선호도가 훨씬 높은 만큼 LA의 메이 지점을 폐쇄하는 것이 당연해 보였다. LA 메이의 임직원들도 그런 사실을 뻔히 알고 있을 터였다.

룬드그렌 사장은 강력한 저항이 있을 것으로 예상했다. 마침 컨설팅 회사로부터 LA 메이 지점 직원들에 관한 안 좋은 이야기를 많이 들어온 터였다. 회사가 어려워지는데도 자기 몫만 챙기겠다고 고집을 부리다가 마침내는 회사를 좌초시키는 데 결정적인 역할을 한 사람들이 LA지점 직원들이라는 얘기였다.

"로스앤젤레스 공항에 내려서 회의 장소로 가는 동안 우리는 아무런 말이 없었어요. 저는 거짓말은 하고 싶지 않습니다. 메이 백화점 직원들이 '우리 지점을 없앨 생각 인가요?'라고 물었다면 '큰 이변이 없는 한 그럴 것입니다' 라고 대답했을 겁니다."

차를 타고 가던 중에 인앤아웃 버거 매장이 눈에 들어 왔다. 룬드그렌 사장은 갑자기 차를 멈춰 세웠다. 인앤아 웃 버거는 캘리포니아주를 비롯한 서부 지역에서만 맛볼 수 있는 햄버거다. 주문하면 그 자리에서 냉장고기를 구 워 빵에 넣어주는데, 신선하고 담백한 맛이 일품이다.

"저는 더블더블버거와 감자튀김, 바닐라셰이크를 주문 했어요. 그리고 음식들을 회의 장소인 힐튼호텔로 가져갔 지요."

물론 전혀 의도한 행동은 아니었다.

회의는 어색하고 딱딱한 분위기에서 진행되었다.

그런데 의외의 일이 벌어졌다. 메이 백화점 직원들은 문제의 핵심은 건드리지 않고 쉽게 대답할 수 있는 질문만을 던졌다. 룬드그렌 사장은 메이 직원들이 탐색 활동을 벌이는 거라고 생각했다. 그러다가 뭐 하나 꼬투리를 잡기라도 하면 일제히 달려들어 물어뜯을 태세였다.

룬드그렌 사장의 입장에선 회사의 수익률이 걸린 중차대한 회의였다. LA 메이 지점을 제대로 정리하지 못했다가는 이사회와 투자자들로부터 문책을 당할 수도 있었다. 반면 LA 메이 직원들 입장에서는 일자리가 걸린 절박한 문제였다. 일자리를 지키기 위해서는 룬드그렌 사장의 폐쇄 계획을 무슨 일이 있어도 막아내야만 했다.

시간이 흘러 점심시간이 되었다. 호텔 측에서 준비된 음식들을 내놓기 시작했다. 룬드그렌 사장은 그 음식들을 사양하고 인앤아웃 버거 매장에서 사온 햄버거와 감자튀김을 올려놓았다. 그러자 사람들은 눈을 동그랗게 뜨고 그가 하는 행동을 쳐다보았다. 사장은 웃으면서 이야기했다.

"공항에서 오다 보니 제가 제일 좋아하는 햄버거가 보이더군요. 캘리포니아의 자랑이지요. 그냥 지나칠 수가 없어서 점심으로 먹으려고 사왔습니다. 더블더블버거라서 양이 많으니까, 혹시 드시고 싶은 분이 계시면 나눠드리고 싶은데요. 사실 저는 동부 출신이 아닙니다. 인앤아 웃 버거를 '최고의 패스트푸드'로 생각하는 캘리포니아 남 부 토박이입니다."

메이 직원들은 그게 무슨 뜻인지 잠깐 생각하더니 이윽 고 박수를 치면서 웃기 시작했다. 서로 눈치만 보면서 어 색하게 시간만 끌던 분위기가 인앤아웃 햄버거 이야기로 한순간에 누그러졌다.

허심탄회한 이야기가 오갔고 메이시스 경영진은 회의 에 참석한 메이 백화점 관리자들의 이력서를 재검토하기 시작했다.

"이력서를 재검토하면서 깜짝 놀랐습니다. 회사에 필요 한 뛰어난 인재들이 많았던 겁니다. 컨설팅 업체의 말만 믿었다가 돌이킬 수 없는 실수를 저지를 뻔했습니다. 나 중에 다시 확인해보니까 메이 직원들에 대한 정보 가운데 상당 부분이 근거가 부족했고 일부는 의도적인 모함이었 더군요."

룬드그렌 사장은 긴급 이사회를 소집해 LA 메이 지점 폐쇄 계획을 재검토해야 한다는 안건을 상정했다. 이사들 은 난색을 표했지만 룬드그렌 사장의 열정적인 설명에 마음을 바꾸었다. 이사회는 난상토론 끝에 마침내 LA 메이 지점의 직원 모두를 새로운 합병 회사에 합류시키기로 결정했다. 룬드그렌 사장은 이렇게 말했다.

"메이 직원들과 몇 차례의 회의를 하면서 그들에게 깊은 감명을 받았습니다. 이런 사람들이라면 그 어떤 사업을 함께 해도 성공할 수 있겠다는 확신이 섰습니다. 그들은 고객을 존중하고 스스로를 절제할 줄 아는 사람들이었습니다. 심지어 자기들이 다니던 회사를 공중분해시키러 나타난 내 앞에서도 조급한 마음을 드러내지 않았습니다. 이렇게 자제할 줄 아는 사람들이 무엇인들 못하겠어요?"

이러한 존중의 태도는 직원들이 책임감을 갖고 업무를 충실히 수행하도록 해준다. 하지만 직원이 20만 명 가까이 되는 회사라면 '존중'이라는 것이 말만큼 쉽지는 않다. 어떻게 하면 직원들에게 회사로부터 존중받는다는 느낌을 줄 수 있을까?

메이-메이시스 경영진이 가장 노력을 기울인 부분도 바로 이러한 점이었다. 합병의 장점은 여러 업무 기능을 하나로 통합할 수 있다는 것이다. 메이-메이시스는 구매, 기획,

마케팅 부서를 하나로 모아 시너지 효과를 거둘 수 있었다. 그렇다고 해서 지역 시장까지 통합하려고 하지는 않았다. 각 지점의 경영자들은 자신이 해왔던 그대로 바이어와 상품 기획자들을 재배치하고 백화점을 운영했다.

이를 잘 보여주는 사례가 있다. 어느 날 메이에서 합류한 의류 코너 직원 한 명이 구매 부서에 '션 진Sean Jean'이라는 남성복을 주문해달라고 요청했다. 그는 메이 시절부터 판매 실적 1위로 유명한 점원이었다. 당시 메이시스에서는 그 브랜드를 판매하고 있지 않았지만 두말없이 20벌을 주문해주었다. 점원은 그중 16벌을 2주 만에 팔았다.

기존에 팔지도 않던 옷을 회사에서 즉각 주문해주었을 때 그 직원의 기분은 어땠을까?

"회사가 아무 설명도 요구하지 않고 곧바로 들어주니까 신이 났어요. 새로운 회사에서는 더 잘할 수 있을 것 같다는 생각이 들었습니다."

직원을 존중하는 회사는 무엇이 다른가

· 회사가 직원의 가치를 존중하고 인정하면 기업의 수익 또한 높아진다.

· 존중받은 직원들의 책임감은 한결 강해진다. 일에 대한 의지가 높아지며 결근과 이직이 줄어든다.

· 존중받는 직원들은 스스로의 능력을 향상시키며 뛰어나고 신뢰성 있는 제품과 서비스를 만들어낸다.

· 존중은 분위기를 바꾼다. 배우고 해결하고자 하는 문화, 책임을 지고자 하는 문화가 형성된다.

· 커뮤니케이션이 원활해지고 직원 간 갈등이 줄어든다.

· 팀워크의 효율성이 향상된다.

PART

III

'내 안의 위대한 나'를 발견하라

◆

일본 재무부는 최고의 수재들이 모인 엘리트 집단이다.

오래전, 다나카라는 사람이 재무부 장관에 발탁되자

직원들 사이에 불만이 고조되었다.

다나카가 전문가도 아니고,

고학력자도 아니었기 때문이다.

하지만 그들의 불만은 다나카가 장관 취임 연설을 시작한 지

1분 만에 깨끗이 사라졌다.

"여러분은 일본 최고의 수재들이고,

나는 초등학교밖에 나오지 못한 사람입니다.

재무부 일은 여러분들이 하십시오.

나는 책임만 지겠습니다."

다나카는 나중에 총리의 자리까지 올랐다.

스스로를 먼저 존중할 때
다른 사람에게 존중받을 수 있다

　20대 후반의 젊은 여성 캔디스 해리스는 자신이 줄곧 불행하다고 생각했다. 어린 시절부터 누군가에게 '너는 할 수 있어'라는 말을 들어본 적이 없었기 때문이다. 누구의 격려나 지원을 받아본 기억도 없었다.

　그녀는 기대치가 매우 낮은 환경에서 성장했다. 그도 그럴 것이 아빠가 누군지 몰랐고 그녀를 낳은 엄마는 캔디스가 갓난아기일 때 어디론가 떠나버렸다. 외조부모와 외삼촌 부부, 사촌 동생들마저도 그녀에게 아무 기대를 하지 않았다. 가족들은 그녀가 뭔가를 시도하는 것조차 싫어했다. 그녀는 이 넓은 세상에서 늘 혼자였다.

"항상 '너에게 해줄 수 있는 것은 여기까지야'라는 식이었지요. 하지만 저는 당연하게 생각했어요. 가족들에게 저는 아무것도 아니었으니까요."

내가 물었다.

"기대 같은 것은 아예 하지도 말라는 것이었나요?"

"그렇지요. 우리가 해줄 수 있는 것은 여기까지니까 조용히 입 다물고 아무것도 요구하지 말라는 태도였어요."

치아 사이가 벌어져 치료가 필요했을 때에도 마찬가지였다. 그녀는 그런 것조차 자신에게는 과분한 욕심이라고 믿었다.

"초등학교 때 아이들이 매일 놀렸어요. 선생님이 집에 전화를 걸어 치과 치료를 권했는데, 할아버지나 외삼촌은 그런데 쓸 돈이 어디 있냐고 거절했어요. 외모도 외모지만 우스꽝스런 치아 때문에 자신감을 잃는다는 것이 문제였지요."

캔디스는 잠시 쉬었다 말을 이었다.

"이건 아니라고 생각했어요. 어린 나이지만 집을 나와

야겠다고 결심했죠. 어차피 저는 혼자였고, 세상에는 저를 도울 사람이 아무도 없었으니까요."

그녀는 열여덟 살 때 집을 나왔고 2년 후에는 애틀랜타로 갔다. 식당에 웨이트리스로 취직을 했지만 그녀의 폐쇄적인 성격은 변하지 않았다. 세상에 믿을 수 있는 사람이라곤 아무도 없었다. 그녀는 세상 전체를 적대시했다.

매뉴얼대로만 일할 뿐 손님과 사적인 대화는 조금도 나누지 않았다. 손님이 던지는 농담에도 전혀 대꾸하지 않았다. 그래서 종업원 가운데 그녀의 팁 수입은 항상 꼴찌였다.

"나도 다른 여직원들처럼 살고 싶었죠. 손님들하고 친하게 지내고, 단골손님들한테 팁도 두둑이 받아서 돈도 모으고 말이죠. 남자친구를 사귀어 쉬는 날에는 데이트도 하고……. 하지만 그런 건 꿈속에서도 불가능할 거라고 생각했어요. 나한텐 가당치도 않은 일이었죠."

이즈음 데이비드 가버 박사는 애틀랜타에 들렀다가 한 식당을 찾았다. 주문을 받으러 온 종업원은 젊은 아가씨였다. 그런데 농담을 해도 전혀 웃지 않았다. 말을 할 때

자세히 보니 의식적으로 입을 다물려는 버릇이 있었다. 그녀의 이름은 캔디스였다.

캔디스는 데이비드 박사 일행을 젊은 여자에게 추파나 던지는 중년 아저씨들쯤으로 생각했다. 데이비드 박사가 의사라는 사실은 짐작도 하지 못했다. 데이비드 박사는 계산서를 가져온 캔디스에게 팁을 건네면서 말했다.

"나는 의사입니다. 실례인 줄은 알지만 당신을 유심히 지켜보았어요. 전문가의 도움이 필요하다는 생각입니다. 이 지역의 전문가를 소개시켜드릴 테니 찾아가 보겠어요?"

물론 캔디스는 거절했다. 전문가의 도움을 왜 받아야 하는지 알 수 없었고, 그녀에게 치과 치료 같은 것을 받을 여유가 있을 리 없었다.

"지금까지와 다른 인생을 살고 싶지 않은가요? 쭉 살펴 보니까 일을 하면서 많이 힘들어 하는 것 같던데요. 그리 고 비용은 걱정 말아요. 그 친구라면 큰 부담 없이 도움을 드릴 수 있을 겁니다."

그렇게 그는 캔디스에게 골드스타인 박사를 소개시켜 주었다. 캔디스는 몇 차례 망설이다가 약속을 잡고 골드 스타인 박사를 만나러 갔다. 골드스타인 박사는 캔디스와 오랜 시간 대화를 나눴고, 그녀의 문제가 무엇인지 파악했다.

골드스타인 박사는 치아로 인한 콤플렉스 때문에 고통을 받는 사람들을 치료하는 분야에서 많은 경험을 쌓은 권위자였다. 그는 오래전부터 가난한 사람들을 위해 무료 진료를 해오고 있었다.

"제가 원해서 하는 일입니다. 도움이 필요한 사람이 있고, 마침 저에게 그것을 해줄 능력이 있는 것뿐이었지요. 그런 사람들을 돕지 않는다면 제 스스로가 부끄러울 것 같아서 하는 일이에요."

골드스타인 박사는 심리치료 전문가 자격도 가지고 있었다. 그는 정신적으로 힘겨워하는 환자들을 상대로 오랫동안 상담을 해왔다. 환자들은 자아의 극심한 혼란 속에서 방황하다가 병원 문을 두드리는 경우가 많았다. 환자들은 박사와의 거듭된 만남을 통해 자신의 내면에 대해 깊이 이해하고, 결국에는 방어적인 태도를 버리고 자아의 왜곡에서 벗어나 자유로운 판단과 결정을 내리게 된다. 박사는 이를 "자기 자신에 대한 신뢰가 커진 것"이라고 표현한다. 여기서 더 나아가면 전문가에게 의존했던 태도에서 벗어나 성숙한 스스로를 재발견한다는 것이다.

"나의 역할은 그들에게 자신을 되돌려주는 것입니다. 그들이 스스로의 능력을 재발견하고 세상을 좀 더 편하게 느낄 수 있도록 도와주는 것이죠. 그들은 자신에게 끊임없이 부정적인 메시지를 던집니다. '난 안 돼. 될 리가 없어' 이렇게 말이죠. 나는 그들이 부정적인 메시지를 떨쳐내고 긍정적인 메시지를 만들 때까지 같이 노력합니다."

골드스타인 박사는 캔디스와 상담을 할 때도 그녀의 부정적 자아와 맞서 힘겨운 투쟁을 해야만 했다.

"박사님, 저는 못생기고 능력도 없는 제 자신이 너무 한심해요."

캔디스는 이따금 스스로를 학대하면서 눈물을 쏟았다.

박사는 주변에 갠디스와 같은 사람이 있을 경우, 그 말을 무시하지 않도록 세심한 주의를 기울여야 한다고 지적했다.

"사랑하는 사람이 '난 정말 구제불능이야!'라고 말한다면 당신은 '아니야. 너는 아주 괜찮아'라고 말하려고 할 겁니다. 그러나 그런 말은 당사자에게 도움이 되지 않습니다. 그 사람의 기분을 더욱 상하게 할 뿐입니다. 그 사람을 존중한다면 잘 생각해봐야 합니다. '아니야. 너는 아주 괜찮아'라고 말하는 것은 '네가 구제불능이라고 생각하는 건 잘못이다'라는 의미를 기반으로 하고 있습니다. 부정적인 의미가 전달되는 셈이죠."

내가 물었다.

"그럼 어떻게 해야 하죠? 우리 주변에는 그렇게 말하면서 좌절하는 사람들이 많은데 어떻게 그들을 위로해줘야 하나요?"

박사가 내 눈을 보면서 대답해주었다.

"당신이 그 사람의 생각을 바꾸려 해서는 안 됩니다. 의미 있는 변화는 그 사람 스스로에게서 나와야 합니다. 나쁜 기분을 표출하도록 도와주는 게 좋아요. 그런 다음 물어보는 거죠. '어떤 부분에서 구제불능이라는 거지?' 그 사람은 잠깐 혼란스러워하다가 이런저런 이야기를 할 겁니다. 그러고는 뭔가를 찾아냅니다. '나는 계산하는 일에는 서툴러. 그렇지만 보고서를 요약하는 건 곧잘 하는 편이야.' 이런 식으로 말이죠. 그 사람을 존중한다면 그가 스스로 자존감을 찾을 수 있도록 기다려주어야 합니다."

캔디스는 골드스타인 박사와 상담을 마친 어느 날, 거울에 비친 자신의 모습을 새롭게 발견했다. 거울 속의 그녀는 스스로를 보며 입을 크게 벌린 채로 환하게 웃고 있었다. 드디어 교정 치료가 끝난 것이었다. 그녀는 감격에 겨워 울음을 터뜨렸다. 어린 시절부터 쌓여온 상처로부터 탈출한 순간이었다. 세상은 더 이상 그녀의 적이 아니었다. 그녀는 눈물을 훔치면서도 연신 환한 웃음을 지어 보였다.

그리고 그것은 그녀 인생에 찾아올 변화의 서막에 불과했다. 그전까지 사진 속의 그녀는 늘 슬픈 눈에 입을 꾹 다문 채 억지 미소를 짓고 있었다. 그러나 교정 치료 이후 그녀는 완전히 달라졌다. 자신 있게 웃을 수 있게 된 것이다. 그녀는 자신의 모습과 인생을 사랑할 수 있게 되었다.

캔디스는 대학에 진학해 회계 학사학위를 받았다. 새로운 인생에 대한 자신감도 갖게 되었다. 행운은 계속 이어졌고, 곧바로 법률회사에 취직이 되었다. 그녀의 변화를 도와준 골드스타인 박사는 그녀가 스스로를 사랑할 수 있도록 옆에서 함께 있어주었을 뿐이라며 겸손하게 웃었다.

"스스로를 먼저 존중하지 않으면 다른 사람에게도 존중받을 수 없어요. 사람들은 자신의 부끄러운 모습을 감추

려고 합니다. 그러다 보면 마치 도미노처럼 인생 전체가 부정적으로 변하고 말아요."

캔디스에게 일어난 가장 큰 변화는 바로 자신감이었다. 식당에 들렀던 낯선 사람에게서 받은 존중과 배려가 쌓이면서 그녀에게 자신감을 만들어준 것이었다.

"그분들에게 고마운 점은 단순히 제게 관심을 기울여줘서가 아니에요. 저를 끝끝내 포기하지 않으셨어요. 그러고는 삶의 희망을 주셨죠. 제가 보다 나은 삶을 살도록 이끌어주셨어요. 정말 감사하게 생각해요. 이런 따뜻한 분들을 만나다니 행운이었지요."

캔디스의 외모는 몇 년에 걸쳐 다시 바뀌었다. 세상을 향해 적대감을 품고 입을 꼭 다물었던 아가씨는 이제 자신감 넘치며 환한 웃음을 짓는 아름다운 전문직 여성으로 변했다.

골드스타인 박사는 치아 교정이나 성형처럼 의료 기술의 도움을 받는 것 역시 긍정적인 자아상을 갖는 데 큰 도움이 된다고 말한다.

"외모가 정신건강에 큰 영향을 미친다는 연구 결과가 많이 나오고 있습니다. 자신의 외모를 잘 가꾸는 것도 자신감을 높이는 데 많은 도움이 됩니다. 능력이 된다면 당연히 투자할 수 있는 것이죠."

아무리 그렇다고는 해도 오랜 시간이 필요한 교정 치료와 상담을 무료로 해주겠다고 선뜻 나설 수 있는 사람은 많지 않다. 그 어려운 일을 골드스타인 박사는 지난 20년 동안 꾸준히 해오고 있다. 이렇게 오랫동안 남을 도울 수 있는 힘은 어디에서 나오는 것일까?

유대인인 골드스타인 박사의 성장 배경에서 그 답을 찾을 수 있다. 어린 시절, 박사는 반유대 정서가 강한 남부 조지아에서 자랐다. 그는 늘 따돌림과 폭력에 시달리며 공포에 떨어야만 했다.

"항상 남보다 빨리 뛰어야 했어요. 잡히면 당하니까요. 편견에 맞서 싸워야 했지요. 어려움을 겪다 보면 강해지는 법을 배우게 됩니다. 피하지 않고 맞서 싸우는 방법도요."

그처럼 어려운 시기를 보내던 어린 유대인 소년은 평생 잊지 못할 경험을 하게 된다.

"친구 중 한 아이가 암에 걸려 죽어가고 있었어요. 저는 그 친구가 마지막으로 자전거를 갖고 싶어 한다는 것을 알게 되었지요. 저는 친구의 소원을 들어주고 싶었습니다. 생각 끝에 공책을 팔아 모금을 하는 행사를 열었지요. 제

가 다른 사람의 도움을 받았기 때문에 저 또한 남을 도와
야 한다고 생각했습니다."

골드스타인 박사는 남을 돕는 것은 자기 자신을 돕는 것
과 같다고 강조한다.

"다른 사람에게 좋은 일을 하면 자존감도 높아집니다.
삶의 질을 높일 수 있는 가장 확실한 방법이죠."

✦ Respect ✦

자신을 존중하는 사람들의 세 가지 특징

1. 자기 방어를 위해 현실을 왜곡하지 않으며
   세상을 있는 그대로 받아들인다.

2. 자신에 대한 올바른 이해를 바탕으로 융통성
   있는 마음 자세를 갖는다.

3. 사람은 끊임없이 성장한다는 믿음을 가지
   고 문제에 대한 해결책을 스스로에게서 찾
   으려 한다.

나는 존중받을
가치가 있는 사람인가?

'팀장은 나를 어떻게 생각하고 있을까? 이번 인사고과에서 후한 평가를 주었을까?'

'그 고객이 나를 싫어하는 것은 아닐까? 계약을 취소하겠다고 하면 어떡하지?'

사람이라면 누구나 다른 사람이 자신에 대해 내리는 평가에 신경 쓰기 마련이다. 그렇다면 자기 존중감은 다른 사람의 평가에 따라 결정되는 것일까? 그것은 상대방이 누구냐에 따라 달라진다.

직장인이라면 아무래도 상사의 평가에 민감할 수밖에 없다. 팀장이 아무리 싫어도 직장생활을 위해서는 좋은 평가를 받아야 한다. 이럴 때에는 팀장이 나를 좋아하는지 아니면 싫어하는지가 매우 중요하다. 부부 관계도 그렇다. 배우자가 나를 어떻게 생각하는지 신경이 쓰이고, 이따금 냉담한 말 한마디 때문에 상처를 입기도 한다.

반면 결혼식장에서 잠깐 만난 먼 친척은 어떤가? 그가 내뱉는 재수 없는 말들에 신경이 쓰이는가? 어차피 가끔 있을 가족 행사에서나 다시 보게 될 사이인데 말이다. 무례한 말과 행동으로 나에게 상처를 주는 사람은 어디에든 있기 마련이다. 그런 사람들의 악의에 찬 말을 들을 때마다 자신이 한심하고 초라하게 느껴지는가? 그들의 비난이 백번 옳다는 생각이 드는가? 대체 왜 그래야 할까? 내 안에는 존중을 받을 만한 구석이 과연 조금도 없단 말인가?

그런 생각이 든다면 한 번쯤 '전신 검사'를 통해 스스로 존중할 만한 구석을 찾아내볼 필요가 있다. 마치 건강검진 때 MRI(자기공명영상) 촬영을 하듯 말이다. 나는 이것을 'SRI Self-Respect Inspection'라고 부른다.

SRI는 1년마다 받는 차량 검사와 비슷하다. 검사는 두 가지로 진행된다. 하나는 타이어, 방향지시등, 앞 유리 등 각 부분이 '최적의 상태'에 있는지 확인하는 적합성 검사다. 다른 하나는 손상된 범퍼나 깨진 전조등, 어디론가 사라진 조수석 벨트처럼 '지금의 상태 그대로'를 확인하는 검사다.

SRI는 존중받을 만한 소질들을 먼저 정의한 다음, 그 가운데 실제로 내가 어떤 점들을 갖추고 있는지를 체크해보는 식으로 이루어진다. 아래와 같이 존중을 받을 만한 소질들을 한번 적어보자.

나는 존중받을 만한 덕목들을 갖추고 있는가?

- **직업윤리**: 집중력, 헌신, 성실성, 신뢰, 열정, 창의
- **대인 관계**: 배려, 포용력, 주도적, 자기희생
- **개인의 성장**: 학구열, 탐구열, 실험정신, 고정관념 극복
- **박애 정신**: 나의 시간이나 돈을 남을 위해 할애하는 것, 타인의 문제에 관심을 갖는 것, 대의에 참여하는 것
- **인내**: 신중, 겸손, 침착

이 검사를 앞두고 '나에게는 존중받을 만한 소질로 어떤 게 있을까' 하는 고민이 있을 수 있다. 펜실베이니아 대학의 마틴 셀리그먼 교수와 미시간 대학의 크리스토퍼 피터슨 교수가 분류한 '행복 소질 목록'을 참조하면 도움이 될 것이다.

행복 소질 목록

지혜와 지식에 관련된 소질

- 창의성, 독창성
- 호기심
- 활동적이고 열린 마음
- 배움에 대한 열정
- 가치관과 지혜

용기와 관련된 소질

- 용맹함
- 노력, 끈기
- 정직, 진실성
- 활력, 의욕

인간성과 관련된 소질

- 친밀함
- 친철과 관용
- 높은 지성

정의와 관련된 소질

- 협동심과 사회적 책임감, 충성심
- 정의감
- 리더십

절제력과 관련된 소질

- 용서와 자비
- 중용과 겸손
- 신중함
- 자제력과 통제력

초월성과 관련된 소질

- 아름다움과 훌륭함에 대한 인정
- 감사하는 태도
- 미래 지향적이고 희망을 갖는 태도
- 쾌활함과 유머
- 목적의식

두 교수는 행복한 사람들을 분류하고, 그들이 가진 공통점을 기반으로 '행복 소질 목록'을 작성했다. 여기에는 창의성과 친절, 지혜, 정직, 감사하는 태도 같은 소질이 포함되어 있다. 이러한 소질들은 성취감과 성격에 큰 영향을 미친다.

이제 스스로에게 질문을 던져보자. 그런 소질들을 쌓기 위해 나는 어떤 노력을 하고 있는가? 내가 가진 소질 중에 존중받을 만한 것은 무엇인가? 내게 있어 기준으로 삼을 만한 가치는 무엇인가? 어려움에도 물러서지 않는 확신을 가지고 있는가?

이러한 소질들은 승진이나 연봉처럼 눈에 보이는 것이 아니다. 어려운 일을 해낼 수 있는 능력, 타인에 대한 동정심, 어려움 속에서도 즐거움을 찾아내는 능력은 눈으로 볼 수도, 만질 수도 없다. 하지만 우리 인생에는 큰 자산이 된다.

다른 사람들이 닮고 싶어 했던 나만의 소질을 한번 떠올려보자. 목록을 적다 보면 그다지 매력적이지 않은 소질이 튀어나올 수도 있다. 그러나 당황할 필요는 없다. 이런 것들은 따로 적어두고 나중에 다시 확인하도록 한다. 지금 당장은 오로지 존중받고 칭찬받을 만한 소질들에 초점을 맞추자.

예를 들어 스스로를 성공한 마케터라고 생각해보자. 지금 같이 훌륭한 마케터가 된 것은 타고난 재능 덕분이기도 하지만 많은 시간 동안 노력을 기울인 결과일 것이다. 그렇다면 '목표를 향한 끈기와 집념'을 존중받을 만한 소질로 기록할 수 있을 것이다.

위의 '내가 생각하는 나의 SRI'를 한번 살펴보자. 목록을 보면 웃음부터 나온다. 충직한 경찰견을 떠올리게 하는 소질이 많아 보이지 않는가? 부족한 점도 아직 많다. 좀 더 자발적일 필요가 있고 충동적인 성격도 고쳐야 한다. 사람들과 조금 편하게 지낼 필요도 있다. 이 목록만 봐도 내게 부족한 것이 무엇인지 알 수 있다. 주변 사람들로부터 진심으로 존중받기 위해서는 아직도 부족한 점들이 많다.

작성한 SRI 목록을 검토한 후에는 '나만의 장점 목록'을 만들어보자. 내가 가진 소질 중에서 존중받을 만하다고 생각하는 소질을 뽑아내면 된다. 너무 겸손해 할 필요는 없다. 객관적으로도 내가 '존중받을 가치가 있는 사람'이라는 판단이 서면 자기 존중감은 더욱 높아질 것이다.

그런 소질들을 어느 정도 가지고 있다고 생각하는지 1부

나의 SRI 목록

소질	점수 (1~7)

※ 3점 이상이면 자기 존중이 올바른 방향으로 이루어지고 있다는 뜻이다.

터 7까지 점수를 매겨보자. 점수가 매겨진 목록은 자신의 장점을 한눈에 파악할 수 있는 일종의 스냅 사진이 된다. 가까운 친구에게 보여주는 것도 좋다. 내가 놓친 장점이 있다면 알려줄 수도 있으니까.

이제 남은 것은 '자기 인정'이다. 존중이란 있는 그대로를 받아들이고 인정하는 것이다. 패배적인 태도로 체념하라는 뜻이 아니다.

SRI와 같이 객관적인 평가가 바탕이 된 자존감은 뜬구름 잡듯 비현실적인 자신감과는 다르다. 높은 자존감은 나를 발전시키는 튼튼한 토대가 될 수 있다. 스스로를 인정할 줄 알면 다른 사람의 평가에 크게 연연하지 않게 된다. 자신이 존중받을 만한 가치가 있음을 알기에 타인의 의미 없는 말들에 상처를 입거나 하지 않는 것이다.

자기 존중은 '내가 생각하는 나'와 '다른 사람 눈에 비친 나', 이 두 가지의 산출물이다.

심리학자들은 다른 사람이 나를 어떻게 대하느냐가 자기 가치감에 큰 영향을 미친다고 말한다. 존중을 받으면 자신감이 높아지고 주체의식이 생기기 때문이다. 또한 충분히 존중받는다고 느끼는 사람은 공공의 이익을 위해 보다 협조적인 태도로 노력하게 된다. 팀의 리더가 팀원들을 존중해주면 팀원들은 그에 보답하기 위해 조직에 헌신하게 되는 것과 같다.

'행복을 파는 회사'로 유명한 온라인 종합 쇼핑몰 '자포스'를 살펴보자. 2009년 아마존에 1조 4,000억 원의 금액으로 인수된 이 기업은 독특한 기업 문화로 크게 주목받았다. 자포스의 CEO 토니 셰이는 기업의 핵심 가치를 10가지로 정의했는데 그중 가장 첫 번째로 꼽히는 가치가 바로 '겸손하자'이다.

셰이는 겸손은 위로부터 시작된다고 믿는다. 그는 CEO인데도 높은 연봉을 받지 않는다. 겸손의 가치를 가장 먼저 실천해야 한다는 이유에서다. 사무실 크기도 부서장급 직원들과 같다. 중요한 것은 개인 공간의 크기가 아니라 기업 정신이라고 생각하기 때문이다. 조용한 태도와 평범한 옷차림만 봐서는 누구도 그를 CEO라 생각하지 못한다. 자포스는 엄격한 잣대를 적용해 '도덕적으로 문제가 없는 사람'만을 직원으로 뽑는다.

셰이 사장이 즐겨 말하는 일화가 하나 있다. 한 고객이 자포스닷컴에서 지갑을 구입했다. 한 번 사용해보았지만 마음에 들지 않아 반품을 하기로 했다. 반품을 처리하던 자포스의 여직원은 지갑을 열어보고 깜짝 놀랐다. 150달러의 현금이 그 안에 들어 있었던 것이다. 고객이 돈을 꺼내는 것을 깜빡 잊은 채 반품을 한 것이었다. 자포스의 말단 직원으로 월급이 많지 않았던 그녀는 그 돈을 보고 갈등에 휩싸였다. 마침 그녀를 보는 사람도 없었다. 그 돈을 자기 주머니에 슬쩍 넣는다고 해도 눈치 챌 사람은 아무도 없다는 뜻이었다. 그녀는 과연 어떻게 했을까?

지갑을 반품한 고객은 자기가 지갑에 돈을 넣어두었다는 사실조차 알지 못했다. 은행에 들르는 것을 깜빡한 남편이 꺼내어 썼을 거라고 생각하고는 까맣게 잊고 있었던 것이다. 이 고객은 자포스의 여직원이 돌려보낸 돈을 받아들고 깜짝 놀랐다. 논은 여직원이 직접 쓴 짤막한 메모와 함께 편지봉투 안에 들어 있었다.

자포스의 여직원은 왜 그러한 행동을 했을까? 아마도 그녀는 스스로에게 부끄럽지 않기 위해, 스스로 자신이 존중받을 가치가 있는 사람이라고 생각했기에 그랬을 것이다.

'내가 생각하는 나'와 '다른 사람 눈에 비친 나'가 다르지 않은 것이다. 여기에는 늘 겸손과 존중의 가치를 우선으로 두는 자포스만의 기업 문화도 큰 역할을 한다. 이처럼 자기 존중감이 있는 사람은 정직하다. 다른 사람에게 친절하며 부족한 것이 없는지 늘 살피고 매사에 긍정적이다. 그래서 자기 존중감이 강한 사람일수록 성공할 확률이 높다. 다른 사람을 위해 약간의 손실도 기꺼이 감수하기 때문이다.

자신을 존중하지 않는 사람들의 15가지 특징

1. 쉽게 결정을 하지 못하며 남에게 의견을 구하면서도 귀 기울이지는 않는다.

2. 남의 탓만 하고 자기 잘못은 말하지 않는다.

3. 방어적으로 행동한다.

4. 변화를 두려워하며, 새로운 것을 시도하려고 하지 않는다.

5. 사람들을 믿지 않으며 사사건건 의심을 한다.

6. 상대가 싫어하는 얘기를 일부러 한다.

7. 갑자기 눈물을 흘리는 등의 돌출행동으로 사람들의 관심을 끌려 한다.

8. 완벽주의를 추구하나 그에 마땅한 노력은 하지 않는다.

9. 항상 이기려고만 한다.

10. 이익이 없는 일에서도 속이려고 든다.

11. 거짓말을 하거나 허풍을 떤다.

12. '미안하다'는 말을 필요 이상으로 자주 한다.

13. 일을 시도하기보다는 변명부터 먼저 꺼낸다.

14. 항상 남을 의식해 걱정을 하고 주눅이 든다.

15. 사소한 일에도 아니라고 말하지 못하고 전전긍긍한다.

나의 쓸모를
남들이 결정하게 두지 마라

자기 존중감이 높은 사람은 다른 사람의 평가에 크게 연연하지 않는다. 뉴욕 대학의 데이비드 드 크리머 교수와 톰 타일러 교수는 일련의 실험을 통해 존중이야말로 사람의 조직 내 입지를 말해주는 중요한 정보라는 사실을 확인했다.

존중을 받고 있는지 아닌지를 확인해보면, 그 사람이 집단에 제대로 소속이 되었는지, 다른 이에게 어느 정도의 영향력을 주는지, 조직 내에서의 서열은 어느 정도인지 등을 추론할 수 있다는 것이다.

두 교수는 학생들을 대상으로 다음과 같은 실험을 했다. 먼저 학생들에게 그룹을 선택해 들어가라고 지시했다. 그런 다음, 무인도에 떨어졌다는 가정하에 생존에 가장 필요하다고 생각하는 15가지 물품을 각자 리스트로 만들어 보라고 요청했다. 학생들은 이 실험이 무인도 생존 경쟁에 대한 것인 줄 알고 심사숙고해서 저마다 리스트를 작성했다.

그러나 물품 리스트는 거짓이었다. 두 교수는 학생들이 제출한 리스트를 받아 꼭 필요한 물품 목록을 선정하는 시늉을 했다. 시간이 흐른 뒤, 두 교수는 각각의 학생들에게 비밀 쪽지를 전달하도록 했다. '그룹의 다른 팀원들이 보낸 것'이라는 설명을 덧붙여서 말이다.

쪽지의 내용은 두 가지였다. 하나는 '당신이 정한 물품 목록의 순서가 다른 팀원의 순서와 거의 같은 것을 보니 생각하는 가치가 비슷한 모양입니다. 당신의 답변이 우리 팀에 큰 도움이 되었습니다'라는 긍정적인 내용이었다. 그의 선택을 존중하며 받아들인다는 뜻을 담은 것이었다.

다른 하나는 '당신이 정한 순서는 우리가 생각한 우선순위와 너무 달라서 써먹기 힘들겠습니다'라는 식으로 무시하는 내용이었다.

그러고 나서 두 교수는 쪽지를 읽은 학생을 개별 면담했다. 교수는 학생들에게 물었다.

"어때, 자네는 팀원들로부터 얼마나 존중받고 있다고 생각하나?"

"이대로 팀을 유지하고 싶은가, 아니면 팀을 떠나고 싶은가?"

결과는 그들이 예상한 대로였다. 무시하는 내용의 쪽지를 받은 학생 대부분이 '팀을 떠나겠다'고 대답했다. 반면 자신의 선택이 존중받았다고 느낀 학생들 중 다수는 '팀과 함께 계속 재미있는 실험에 참여하고 싶다'는 의지를 보였다.

크리머 교수와 타일러 교수가 실험을 통해 파악한 또 하나의 사실이 있다. '평판에 예민한 인간형'과 '평판에 신경을 쓰지 않는 인간형'의 차이에 관한 것이다.

어떤 사람들은 집단에 속하고 싶은 강한 심리적 욕구

를 가지고 있다. 이런 사람들은 남들로부터 존중받는 것을 중요하게 생각한다. 그래서 다른 사람의 태도와 말의 뉘앙스에 예민하게 반응한다. 이들은 평판에 매우 신경을 쓰기 때문에 자신이 어떤 대접을 받는지 또한 중요하게 생각한다. 좋은 대접을 받고 있다고 느낄 때는 만족하는 반면, 자신이 존중받지 못하며 무시당했다고 생각할 때는 심리적 불안 혹은 분노를 드러낸다.

그에 반해 이와 반대의 성향을 보인 사람들은 강한 자기인식을 드러냈다. 이런 유형은 집단에 속하든 속하지 않든 그런 일에 크게 신경을 쓰지 않는 경향이 뚜렷했다. 자신에게 큰 무례를 범하지 않는 한, 남이 자신을 어떻게 생각하는지는 마음에 두지도 않는다.

두 교수는 "평판에 지나치게 예민하다면 자기 존중감이 부족하기 때문"이라는 결론을 내렸다. 자신감이 부족하기 때문에 남들이 자신을 어떻게 생각하는지에 관심이 많고, 남들의 행동에 민감하게 반응한다는 얘기다. 이런 사람들은 쉽게 상처받고, 심리적으로 위축되다 보면 자기비하에 빠질 수도 있다고 한다.

반면 자신감이 넘치는 사람들은 남들의 눈치를 보지 않

으며 다른 이의 무례한 행동에도 결코 위축되지 않는다.

자존감이 강하면, 남들이 뭐라고 하든 흔들리지 않는다.

◆ **Respect** ◆

나 자신에 대한 자신감을 잃으면
온 세상이 나의 적이 된다.

-랄프 왈도 에머슨

직원을 소모품으로 생각한
글로벌 기업의 최후

존중 문화가 현장 곳곳에 스며 있는 회사의 직원들은 회사에 대해 높은 자긍심을 갖는다. 이러한 조직들은 매우 안정적으로 운영되며 직원의 이탈이 적고 채용 및 교육 훈련 비용도 적게 든다.

반대로 회사가 자신의 자존감에 상처를 준다고 생각할 때 직원들은 회사를 그만둔다. 한 설문조사에 따르면, '회사가 나를 무시한다'고 생각하는 직원이 '정당한 대우를 받고 있다'고 느끼는 직원보다 회사를 떠날 확률이 세 배나 높은 것으로 나왔다.

숙련된 직원의 퇴사를 손실 또는 비용으로 여기지 않는 기업들도 더러 있다. 사람은 다시 뽑으면 그만이라고 생각하기 때문이다. 이러한 징후는 내리막길을 걷는 회사들에게서 주로 나타난다. 그간의 성공에 취해 오만해진 나머지, 사람 귀한 줄 모르는 것이다.

일반적으로 고급 인력이 회사를 떠나게 되면 상당한 손실이 발생한다. 생산성에 타격을 입는 것은 물론 인사 담당자는 퇴사 처리에 상당한 시간을 빼앗기게 된다. 어디 그것뿐인가. 대체할 직원을 채용해야 하고 교육도 시켜야 한다. 손해가 이만저만이 아니다. 월급을 받는 직원은 체감하지 못하겠지만 그렇게 투입되는 비용과 투자는 어떤 업종의 어떤 역할이냐에 따라 그 직원 연봉의 몇 배에 달할 수도 있다.

미국 노동부 산하 노동통계국에 따르면 9만 7,677달러 연봉의 전문 관리자가 회사에 벌어다 주는 돈은 14만 6,515달러라고 한다. 만약 이런 직원이 회사의 처우에 실망해 사표를 낸다면 15만 달러의 손실이 생긴다는 이야기다. 직장 내에서 짓밟힌 자긍심 또는 모욕 때문에 퇴사를 결심하는 전문직 및 관리직 종사자가 매년 20만 명 수준이라는 조사 결과도 있다.

그런데 이처럼 자존심을 짓밟혔다고 해서 모든 사람이 '그래? 그럼 떠나주마' 하면서 흔쾌히 회사를 떠나는 것은 아니다. 짓밟힌 자존심에 대한 복수로 회사를 고소하는 경우도 늘어나고 있다. 송사에 휘말리면 회사는 또 다른 비용과 손실에 직면하게 된다. 그리고 이 비용은 때로 천문학적인 금액에 달하기도 한다.

한 제조업체의 인사 담당 부사장은 불안한 심정을 이렇게 토로한다.

"직원들이 갑자기 회사를 나가서 고소를 할까 봐 두렵습니다. 퇴직자와 소송이 벌어지면 내부적으로 직원들의 사기가 저하되고 소비자들과의 신뢰에도 영향을 주기 때문에 이중삼중으로 손해를 보게 됩니다."

1989년, 제너럴 모터스GM는 흑인 노동자와 관리직, 전문직 종사자에 대한 차별대우 소송에 휘말렸다. 고소를 한 직원들은 회사가 의도적으로 흑인에게 백인보다 낮은 인사고과 점수를 줌으로써 승진과 보수 등에서 차별을 해왔음을 입증해냈다. 그리고 결국 소송에서 승리했다.

시초는 한 직원의 문제 제기에서 시작됐다. GM은 '흑인에게도 똑같은 처우를 해달라'는 그 직원의 말에 귀 기울이지 않았다. '회사에는 차별이 있을 수 없다'는 원론적인 답변만 늘어놓았을 뿐이었다. 회사의 그런 태도는 결국 흑인 직원들 모두의 자존심에 큰 상처를 주었다. 한 직원의 문제 제기가 결국에는 집단 소송으로 비화되었고, 흑인 직원들이 대거 소송에 가담했다. 고소인의 수가 3,800명이 넘을 정도였다. 이렇게 시작된 소송은 무려 6년을 끌었다. GM은 결국 패배했고, 그로 인한 비용 손실만 해도 4,000만 달러에 달했다.

듀크 대학의 알렌 린드 교수는 "회사 측이 그 직원의 문제 제기를 빨리 수용해 개선책을 내놓았다면 그런 소송에 휘말리지 않는 것은 물론 화합과 생산성 증대 등으로 연결시켜 좋은 결과를 얻었을 수도 있다"고 지적한다.

그러나 GM은 문제를 해결하려는 의지를 보이지 않았고, 오히려 그 직원에게 불이익을 주었다. 터무니없이 회사를 모욕하려 들었다는 주장이었다. 회사의 그런 행동이 흑인 직원들의 공분을 사는 건 어찌 보면 당연한 수순이었다.

내가 린드 교수를 만난 날은 마침 GM의 극심한 재정난에 관한 기사가 신문 헤드라인을 장식하고 있었을 때였다. 교수와의 대화는 1989년 소송에 이어 GM의 존중 문화에 대한 주제로 흘렀다. 그때의 차별 관련 소송도 그렇지만 GM이 여전히 존중 문화를 조성하는 데 실패한 것이 지금과 같은 존폐 위기를 불러오는 원인이 되었다고 그는 이야기했다.

"스스로를 진정으로 존중한다면, 상대방 역시 얼마나 소중한지 깨닫게 됩니다. 그런데 GM은 그렇게 하지 않았습니다. 회사든 노동조합이든 말이죠. 사람보다 돈만 좇은 것이 문제였습니다. 탐욕에 빠진 GM의 노사는 고객을 존중하지 않았고, 고객들이 원하는 자동차를 만들지 않았고, 그래서 마침내 고객들의 외면을 받게 된 겁니다. 그게 GM 경영난의 본질입니다."

인종차별 소송에 휘말린 기업은 GM뿐만 아니다. 1999년

코카콜라도 인종차별 소송에 휘말려 1억 5,600만 달러라는 어마어마한 돈을 지불해야 했다. 1990년대는 차별에 항의하는 소수자 집단의 고소가 50퍼센트나 증가한 시기였다.

린드 교수는 그런 사람들의 목적이 반드시 돈만은 아니라고 분석한다.

"소비자 소송을 지켜보는 사람들은 그들의 목적이 오로지 돈일 거라고 생각합니다. 하지만 그렇게 간단한 문제가 아닙니다. '나에게 함부로 대한 회사에게 한 방 먹이고 싶다'는 감정도 크니까요. 제품의 결함은 문제를 해결하는 것으로 금방 매듭지을 수 있습니다. 그러나 소비자를 정말로 화나게 하는 건 회사의 태도죠. 자신을 무시하고 자존심에 상처를 주었다면, 회사가 그 대가를 치르도록 투쟁에 나서게 됩니다. 회사로선 고객을 존중하지 않은 대가를 소송과 어마어마한 비용 손실로 치르게 되는 셈입니다."

린드 교수는 자신의 책에서 이렇게 썼다.

"소송은 미국 기업들이 당면한 새롭고도 거대한 리스크다. 기업이 소송을 피할 수 있는 가장 좋은 방법은 고객과 직원들을 공평하게 대하고 존중하며, 그들의 요구와 관점,

경험을 인정하고 받아들이는 것이다."

상대의 자존심을 고려해주는 배려는 직원을 불가피하게 해고하는 순간에도 매우 중요하다. 린드 교수가 직장에서 해고된 사람들을 대상으로 조사한 결과, 해고 당시 회사가 보인 태도에 불만을 품고 소송을 제기하는 경우가 많았다.

"누구든 직장에서 해고를 당하면 자기 가치와 자존심에 씻을 수 없는 상처를 입게 됩니다. 내가 천하에 쓸모없는 사람이 된 것 같은 느낌이 들지요. 하지만 해고를 통보하더라도 당사자의 마음을 생각해서 배려 있게 전한다면 이야기는 달라집니다. '소모품'이 아닌 '인간'으로 대접받는 느낌이 들도록 말입니다. 상대가 복수심을 갖느냐, 아니면 고마워하느냐는 전적으로 진심을 담은 말과 태도에 달려 있습니다."

✦ Respect ✦

무엇이든지 남에게 대접받고자 하는 대로
남을 대접하라.

– 마태복음 7장 12절

무례함과 모욕으로부터
스스로를 지키는 힘

　제이슨은 아침에 잠에서 깨고도 한동안 침대에 누워 있었다. 회사에 가는 것이 두려웠기 때문이다. 간신히 일어나 샤워를 하고 옷을 입으면서도 스스로에게 화를 내고 있는 자신을 발견하곤 했다. 바보 같고 무기력한 자신이 혐오스러웠다.

　새로운 상사 피터를 만난 뒤로 그의 인생은 엉망이 되었다. 피터는 처음부터 제이슨을 무시하고 괴롭히려는 마음을 먹은 것 같았다. 처리하기 어려운 업무를 맡기고, 제이슨이 그것을 제대로 해내지 못하면 사람들 앞에서 망신을 주었다.

"이봐! 제이슨, 그동안 어떻게 빈둥거리면서 회사를 다녔는지 모르겠지만, 나를 만난 이상 그런 생각일랑 집에 놔두고 출근해야 할 거야. 빈둥거리는 건 집에 가서 해도 충분하잖아? 여기선 최선을 다하란 말이야."

피터는 다른 팀원들에게도 이따금 망신을 주었는데 제이슨에게 쏘아붙이는 것에 비하면 아무것도 아니었다. 제이슨은 자기가 실수를 자주 하는 바람에 피터에게 찍혔다고 생각했다. 그래서 조금이라도 이를 만회하려고 애를 썼다. 회의를 할 때면 좀 더 참신한 아이디어를 내보려고 노력했다. 그런데 그것이 피터의 심기를 더욱 불편하게 만들었다.

"제이슨, 아이디어를 말하려면 미리 생각 좀 해. 그런 엉터리로 뭘 하자는 건가?"

제이슨은 다른 팀원들에게 위로를 받고 싶었다. 피터에게 같이 당하는 형편이니 마음이 통할 것이라고 믿었다. 그런데 카페에서 제이슨이 다가가면 동료들은 이야기를 멈췄고, 심지어 고개를 돌리는 사람도 있었다.

"그것이 말로만 듣던 '직장 내 따돌림'이라는 걸 알았습니다. 제 이야기에 귀를 기울여주거나 저를 도와주려는 사람은 없었습니다. 처음에는 제가 피터에게 당할 때 연민을 보이던 동료들도 언젠가부터 외면하고, 심지어는 따돌림에 가세하더군요. 저는 완전히 혼자가 되었죠. 스스로가 불쌍하고 한편으로는 한심해서 증오스럽기까지 했습니다."

제이슨은 피터의 희생양이 된 것이었다.

오늘날 직장에서 피터 같은 사람들을 흔히 볼 수 있다. 자신의 우월함을 과시하기 위해 부하 직원들을 가혹하게 다루는 사람들 말이다. 이들은 다른 사람을 심리적으로 굴복시킴으로써 만족을 얻고, 군림하는 재미를 만끽하려는 성향을 드러낸다.

그런 사람에게 필요한 게 희생양이다. 누군가 한 명을 희생양으로 삼아 구석으로 몰아가며 다른 직원들에게 공포감과 안도감을 동시에 안겨준다. 희생양이 당하는 모습을 본 직원들은 '나도 잘못하면 저렇게 당할 테니까 조심

해야겠다'고 다짐하고, 또 한편으로는 '나는 당하지 않아서 다행이야'라며 만족을 느낀다.

피터 같은 유형의 사람들은 대개 '약한 사람'을 희생양으로 고른다. 사냥에 나서는 맹수와 크게 다르지 않다. 직원들을 나무라면서 건드려본 다음, 그 반응을 봐서 가장 만만한 직원을 추리는 것이다. '약하고 만만한 사람'은 대개 '자존감이 낮은 사람'이다. 직장생활을 한 지 3년밖에 되지 않는 제이슨은 그렇게 걸려들었다.

전문가들은 "피터 같은 부류 역시 자존감이 낮은 사람"이라고 분석한다. 스스로에게 만족하지 못하기 때문에 남을 깎아내리고 타인에게 책임과 고통을 전가하려 드는 태도를 보이는 것이다. 경계선 성격장애를 가지고 있는 사람들에게서 이런 모습을 자주 볼 수 있는데, 남이 싫어하는 것만 골라서 하는 유형이다.

제이슨은 한동안 무기력하게 지내다가 결국은 가족의 손에 이끌려 전문가의 상담을 받았다. 수차례의 면담 끝에 그는 자신을 위한 선택을 했다. 액션 플랜을 짜고 다듬은 그는 회사에 당당하게 출근해 아침 회의에 참석했다.

그리고 자신을 몰아세우는 피터에게 이렇게 말했다.

"보세요. 피터. 당신이 지금까지 내게 해온 모욕적인 언사들을 모두 기록해놓았습니다. 엄중하게 경고합니다. 당신이 이런 행위를 당장 그만두지 않는다면, 당신을 상대로 소송을 제기할 겁니다. 동시에 당신을 제대로 지도 감독하지 못한 회사에 대해서도 배상금을 청구할 겁니다. 어때요? 내 변호사를 만나보겠습니까?"

제이슨은 주먹을 꽉 쥐고 준비했던 말을 쏟아냈다. 겁이 났지만 피터의 눈을 정면으로 보면서 끝까지 또박또박 말했다. 피터는 예상치 못했던 제이슨의 반격에 큰 충격을 받은 것 같았다. 그는 한참을 말없이 앉아 있다가 회의실 밖으로 나가버렸다.

그 이후로 피터의 부당한 공격은 중단되었다. 그는 한동안 제이슨과 말도 하지 않고 지내다가 다른 부서로 자리를 옮겼다. 제이슨은 피터와의 경험을 통해 귀중한 교훈을 얻었다. 뼈아픈 시련 끝에 얻은 깨달음이었다.

"누군가에게 아무리 모욕을 당하고 부당한 처사에 힘이 들어도 한 가지만은 지켜내야 한다는 겁니다. 가슴속에 있는 그 무엇이죠. 그것은 나를 지키는 방패, 자존감입니다.

저는 그것을 잃었기 때문에 피터의 손쉬운 먹잇감으로 전락했던 것이죠."

　나에게 딱 맞는 옷처럼 느껴지는 직업을 찾기란 쉽지 않다. 그렇게 본다면 린 앤 스미스는 분명 행운아다. 학생들 앞에 설 때 더없는 편안함을 느끼니까. 학생들을 개인 지도할 때도, 밤늦도록 수업계획을 짤 때도, 그녀는 가르칠 수 있다는 생각만으로 행복감을 느낀다. 아직은 서툰 예비 교사지만 말이다.

　봄에는 학교로 교생 실습을 나가기도 했고, 밤에는 고등학생들에게 수학과 영어 과외를 했다. 바쁘고 힘든 나날이었다. 학생들을 가르치는 것 때문만은 아니었다. 원인은 따로 있었다. 바로 남자친구 때문이었다.

　교생 실습에, 과외에, 수업에, 과제에 눈코 뜰 새 없이 바쁜 와중에도 린 앤은 일주일에 두 번 상담을 받으러 다녀야만 했다. 남자친구에게 배신당한 후유증 때문이다. 그녀는 연인을 착취하는 사람들에 대한 뉴스를 간혹 본 적이 있었지만, 그것이 자신의 일이 되리라고는 상상도 하지 못했다.

남자친구는 언제부터인가 자꾸 돈을 빌려달라고 했고, 한 번 빌려간 돈은 갚지 않았다. 린은 그럼에도 그를 사랑하는 마음을 지키려 했다. 그녀에게 빌린 돈이 바닥나자 남자는 그녀의 신용카드를 몰래 가지고 나가서 3,500달러를 써버렸다. 남자친구가 눈물을 흘리면서 용서를 빌었을 때, 그녀는 그를 끌어안으면서 이렇게 말했다.

"미안해. 내가 잘못했어."

그녀는 스스로를 책망했다. 자신이 남자친구에게 최선을 다하지 않았기 때문에 그가 잠깐 실수를 한 것이라고 믿었다. 따라서 나쁜 것은 자신이며 그가 아니라고 말이다. 이는 자존감이 낮은 사람들의 전형적인 특성이다.

이후 남자친구는 그녀를 먹잇감으로 취급하기 시작했다. 돈을 달라고 으름장을 놓았고 주지 않으면 주먹을 휘둘렀다. 폭행이 있었던 날, 다행히도 한 이웃 주민이 비명 소리를 듣고 경찰을 불렀다. 린 앤은 코피가 나고 입술이 터지고 눈이 멍들어 있었다. 그녀의 아버지는 큰 충격을 받았다.

"이웃 주민이 아니었다면 큰일이 났을 겁니다. 자식을 온실 속의 꽃처럼 마냥 보호할 수 없다는 것은 알아요. 하지만 이건 해도 너무 하지 않습니까? 세상이 무서워요."

그녀의 남자친구는 좋은 인상을 가진 잘생긴 남자였지만 경제적으로는 무능력했고 도박에 중독되어 있었다. 린 앤은 캠퍼스 커플로 만난 남자친구에게 그런 어두운 면이 있을 거라고는 생각하지 못했다. 경찰은 학교에 폭행 사실을 알렸고, 그는 학교에서도 퇴학을 당했다.

린 앤은 정신적으로 힘든 시간을 보냈다.

"많은 생각이 들었어요. '어떻게 나를 때릴 수 있지? 내가 맞을 만한 짓을 했나? 내가 그렇게 사람 보는 눈이 없었나?' 겁도 났고요. 그래도 그가 다시 찾아오면 따뜻하게 맞아주어야 하는 것 아닌가 하는 생각을 하기도 했습니다."

많은 고민 끝에 그녀는 자신이 아니라 남자친구에게 잘못이 있다는 것을 깨닫게 되었다. 또한 자신이 약한 모습을 보인 것이 그에게 자신을 이용할 구실을 주었다는 사실도 알게 되었다.

그녀의 문제는 스스로를 아끼지 않은 데 있었다. 사악한 사람들은 그런 사람을 알아보고 낮은 자존감을 이용해 이익을 취한다. 낮은 자존감을 드러내는 것은 좋지 않은 의도를 품은 사람에게 '나를 마음껏 이용해주세요'라며 마음의 열쇠를 내주는 것과 다르지 않다. 그러므로 어떤 상황에서도 '내가 뭘 알겠어요'나 '내 주제에는 과분하지요'와 같은 말은 피해야 한다. 그것은 결코 겸손의 미덕이 아니다. 너무 과한 것도 좋지 않지만 적당한 정도의 자기 존중감은 반드시 필요하다. 그래야 다른 사람의 무례함이나 모욕으로부터 스스로를 지킬 수 있는 법이다.

◆ Respect ◆

스스로 존중하는 마음만 있다면 다른 사람이 나를
가볍게 대해도 아무런 문제가 없다.

– 맥스 노르다우

자존감 수업의 첫걸음은
나를 믿는 것

독일의 철학자 괴테는 "자기 자신을 믿는 순간 어떻게 살 것인지 알게 될 것이다"라고 말했다. 그리고 나 자신을 믿으려면 먼저 '나는 누구인가?'라는 질문에 답할 수 있어야 한다. 이것은 매우 중요한 질문이다.

그러나 자존감이 낮은 아이 중에는 자신을 존중한다는 것이 어떤 의미인지 모르는 경우도 있다. 아이들은 보통 사춘기에 접어들면서 자기 가치를 평가하고 자아상을 형성한다. 그리고 그 과정에서 자연스럽게 부모로부터 분리된다. 또한 사회 관계망이 형성되기 시작하면서 공통의 관심사를 가진 마음 맞는 친구와 깊은 우정을 쌓게 된다.

이러한 공통의 관심사는 '존중하는 관계'를 형성하기 위한 시작점이다. '너도 하키를 잘하고 나도 하키를 잘하니까 우리는 친구가 될 수 있다'는 식이다. 그러나 차츰 우정이 깊어지면서 친구의 모든 것을 이해하고 수용하게 된다. 가령 친구가 수학을 못한다고 해도 놀리지 않게 되는 것이다. 오히려 안타까운 마음으로 어떻게 도와줄 방법은 없는지 궁리할 것이다.

앞에서 소개한 바와 같이 크리머 교수와 테일러 교수는 집단 내에서 존중받느냐의 여부가 자기 정체성을 결정하는 데 영향을 준다는 사실을 실험을 통해 입증했다. 존중은 집단 내에서의 자기 가치나 인정, 포용과 관련이 있다. 집단에 소속되고 싶어 하고, 그 속에서의 자기 위치를 중요하게 생각하는 사람일수록 남들이 자신을 어떻게 대하는지에 민감하게 반응한다.

내가 누구인지 잘 모르는 10대들은 '내가 저 집단에 들어가면 남들이 나를 다른 눈으로 봐주겠지?' 하는 마음에 섣부른 판단을 하기도 한다. 위험한 집단 행동에 연루되어 평생 그 대가를 치르는 경우도 있다. 미성년 음주도 그 중 하나로, 미성년 음주로 매년 5,000명에 달하는 학생들이 목숨을 잃는 게 지금의 현실이다. 미국 국립보건원 조사에 의하면 중학교 2학년생의 41퍼센트, 고등학교 1학년생의 63퍼센트, 고등학교 3학년생의 75퍼센트가 술을 마셔본 적이 있다고 답했다.

'마른 것이 대세'인 오늘날에는 여학생이든 남학생이든 몸매에 고민이 많다. 여학생들은 다이어트를 하느라 바쁘고, 남학생들은 근육을 만드느라 바쁘다. 여자아이들은 아이돌 스타처럼 보이길 원하고, 남자아이들은 터프가이로 보이길 원한다. 그러나 남의 이목에 민감할수록 담배에 손을 댈 가능성이 두 배나 높다고 한다.

10대들의 사망 원인 3위는 바로 '자살'이다. 집단 괴롭힘도 주요 자살 원인 가운데 하나인데, 친구나 또래집단에게 거부를 당하게 되면 자기 가치감이 무너지게 된다. '모두가 이렇게 대하는 것을 보니 나는 존중받을 가치가 없구나' 하고 생각하는 것이다.

자기 존중은 삶의 압박으로부터 우리를 보호해주는 방탄조끼와도 같다. 그만큼 10대들이 사춘기라는 질풍노도의 시기를 무사히 넘기기 위해서는 자기 존중감이 필요하다. 그리고 그러한 자존감을 키우려면 내가 누구인지 확실하게 알고 나 자신을 사랑할 수 있어야 한다.

바로 이때 부모의 도움이 절대적으로 중요하다. 부모는 자녀가 어떤 일을 결정할 때 함께 상의해주는 정신적인 '공명판' 역할을 하기 때문이다. 자녀가 재능을 개발해 자존감을 높일 수 있도록 용기를 북돋아줄 수도 있다. 아이에게 이렇게 말해주는 것으로 시작하면 어떨까?

"괜찮아. 너 스스로를 믿으렴. 너를 믿는 순간 다른 세상이 펼쳐진단다."

자기 존중의 법칙

· 자존감은 오로지 나 자신에게 달렸다.

· 내가 원하는 삶을 살수록 자존감은 커진다.

· 자기 존중은 내면을 들여다보는 것에서부터 시작
  된다.

· 자존감은 다른 사람의 부정적 평가에도 상처받지 않
  게 해주는 방탄조끼와 같다.

· 자존감은 부나 명예, 성공에 부수적으로 따라오는 것이
  아니다.

이제는 존중에도
'학습'이 필요하다

메릴랜드주 글렌버니의 노스 카운티 고등학교 학생들
은 학교에 가는 것이 즐겁다. 출근길이 즐겁기는 선생님
들도 마찬가지다.

그러나 몇 년 전까지만 해도 이 학교 상황은 매우 심각
했다. 학생들 간의 폭력 사태로 학교가 폐쇄된 적도 있었
다. 학생이나 교사 모두 종이 울리기만을 기다렸다. 1분이
라도 빨리 학교를 떠나고 싶었으니까. 그런데 지금은 평

화롭기만 하다. 바로 아담 샤인혼 교감의 뛰어난 리더십이 모든 것을 바꿔놓았기 때문이다.

샤인혼 교감은 6년 전 이 학교에 부임했다. 학교에 첫 출근하던 날 학생들 간의 폭력 사태와 맞닥뜨린 샤인혼 교감은 학교에 존중 프로그램을 도입하기로 결심했다. 그는 뉴욕 지역 교육자 회의에 참석했다가 'PBISPositive Behavioral Interventions Supports'라는 프로그램에 대해 듣게 되었다. 프로그램을 도입한 많은 학교가 학교 폭력 문제에서 큰 효과를 봤다는 것이었다.

샤인혼 교감은 '그래봤자 아무 소용없다'는 교장과 교사들의 만류를 무릅쓰고 '기사의 법전Knight's Note'이라는 행동 강령을 만들었다. 강령의 내용은 다음과 같았다.

'우리는 스스로를 존중하고, 다른 사람을 존중하며, 배움을 존중하고, 학교 재산을 존중한다. 서로의 차이를 존중하며 말투와 행동의 다름도 존중한다.'

샤인혼 교감은 기사의 법전을 만들기 귀찮아하는 교사를 비롯해 학생들과 존중 프로그램에 대해 오랜 시간 대화를 나누었다. 처음에는 성의 없이 참석만 하던 사람들이 조금씩 관심을 보이기 시작했다.

"우리는 스스로를 위한 노력과 성실에 대해 이야기를 나누었어요. 자부심과 자신감을 가지고 또래끼리의 압력을 피할 수 있는 방법, 비난하거나 강요하지 않고 다른 사람을 존중하는 방법에 대해서도요. 수업이나 학교 재산도 마찬가지입니다. 행동 강령은 다른 사람의 노력을 존중할 줄 알아야 한다는 사실을 일깨워줬어요. 학교를 존중하고, 학교에 자부심을 느끼며, 성공적인 학교생활을 위해 열심히 노력해야 한다는 것도 말입니다."

결과는 성공적이었다. 과거 노스 카운티 고등학교는 해마다 50명 넘는 학생이 퇴학당하곤 했지만 현재는 그 수가 대폭 줄었다. 전국 영어 테스트의 합격률도 30퍼센트나 향상되었다. 변화는 학생들뿐만 아니라 교사들에게도 나타났다. 과거 교사들은 사명감에 부풀어 학교에 왔다가도 이내 질려서 떠나기 일쑤였다. 교사들에게 학교 문은 회전문과도 같았다. 하지만 존중 프로그램이 도입된 이후 임신을 하거나 대학원에 진학하는 경우가 아니면 교직을 떠나는 일이 거의 없다.

전직 교사인 수잔 배럿은 10년이 넘도록 메릴랜드주에

서 PBIS 프로그램 코디네이터로 일하고 있다.

그녀는 학교 폭력을 사전에 예방하는 전략 수립 전문가다. 교사와 교직원의 체계적인 대처를 통해 학생들의 행동을 개선하고, 정숙한 학업 분위기를 조성하는 것이 PBIS 프로그램의 목표다. 1990년대 중반 오리건과 하와이 등에서 순차적으로 도입된 PBIS는 현재 미국 전역의 9,000개의 학교에서 시행 중이다.

존중과 같은 예의범절을 학교에서 집중적으로 가르쳐야 한다는 현실이 조금 안타깝기는 하다. 하지만 오늘날 타인과 잘 지내는 방법을 제대로 알지 못하는 학생들이 너무 많다. 게다가 더욱 큰 문제는 일부 학생의 잘못된 행동이 다른 학생들에게 쉽게 전염된다는 점이다. 전문가들이 주목하는 부분 역시 바로 이 '전염'이다.

폭력적인 행동을 근절하기 위한 방법론을 공중보건 모델에서 찾는 이유도 여기에 있다. 질병을 막으려 할 때 우리가 어떤 방법을 쓰는지 생각해보자. 일단 모든 사람들에게 예방접종을 맞게 한 다음, 증상이 개선되지 않는 사람을 대상으로 특별 치료에 들어가는 것이 보통이다. 학교 폭력 문제도 이와 다르지 않다.

PBIS는 특정한 커리큘럼이나 전략이 아니다. 그보다는 학생 행동과 학업성취도를 개선하기 위한 의사결정 토대라고 보면 된다. 이 프로그램은 모든 학생에게 효과적이고 정확한 인식 및 행동 방법론 제공에 주안점을 두는데, 학생들이 존중의 의미를 제대로 깨닫지 못하고 있다는 가정에서 출발해 체계적으로 접근한다.

실망스러운 현실이지만 그 현실을 인정하는 것이 무엇보다 중요하다고 배럿은 말한다. 이제는 존중에도 '학습'이 필요한 시대가 되었다는 것이다.

"학교에 다닐 정도면 어느 정도 지각은 있겠지요. 하지만 존중을 아느냐는 별개의 문제입니다. 사회에서 사람들과 잘 지내는 기본 예의를 가르치는 것도 수학이나 물리를 가르치는 것과 같아요. 능력이 개발될 수 있도록 적절한 피드백을 주어야 합니다."

PBIS를 실행하는 방법은 학교마다 다르다. 학교와 학생들은 학교 공동체가 바라는 3~5가지의 행동 강령을 정해 그들이 원하는 학교 문화를 스스로 만들 수 있다.

일단 교장, 교감, 교사들이 함께 상의해 존중 모델을 정한다. 그리고 PBIS 카운슬러의 지도하에 원하는 학교 문화와 학생들에게 바라는 행동, 학교 문화를 학생 및 교사와 공유할 수 있는 방법, 긍정적 행동에 대한 보상 방법, 정기적인 데이터 수집 같은 구체적인 청사진을 그린다. 교사와 학생 모두가 학교에서 원하는 목표를 달성할 수 있도록 말이다.

프로그램이 성공하기 위해서는 다음의 두 가지가 중요하다. 첫째, 교사와 학생 모두가 적극적으로 참여해야 한다. 둘째, 존중 프로그램의 취지와 실행 방법에 일관성이 있어야 한다. 배럿은 이렇게 설명했다.

"우리는 '존중 프로그램이란 이런 것이어야 한다'라고 강요하지 않아요. 학교들은 저마다의 요구와 해결 과제를 가지고 있습니다. 학생과 교사의 특성도 모두 다르고요. 따라서 학교 상황에 맞게 실행 방식과 절차를 개발할 수 있습니다."

학교가 존중을 위한 행동 강령을 정하고 나면 교사들은 이것을 학생에게 전달한다. 그리고 학생들의 의견을 반영해서 존중 프로그램을 실행하면 된다.

"교사들이 주도권을 가져야 합니다. 학급 회의를 열어

서 서로에게 어떻게 해줬으면 하는지, 고쳤으면 하는 점은 무엇인지 학생들에게 물어봐야 하는 것이지요. 학교 차원에서 세워둔 기준을 토대로 하되, 학생들의 의견을 종합해서 규칙을 만듭니다."

새로운 지식이나 사회적 기술을 습득할 때는 피드백이 매우 중요하다. 처음에는 눈에 보이는 보상을 주어 학생들이 보상에 대한 기대치를 갖게 만들어야 한다.

여기에서 잊지 말아야 할 것이 있다. 교사들 생각에 좋은 보상이 학생들에게는 전혀 통하지 않을 수도 있다는 사실이다.

이를 위해 노스 카운티 고등학교는 '기사의 법전'을 활용하고 있다. 쉽게 말하면 학생이 예의 바르게 행동하거나 다른 사람을 존중했을 때 부상으로 '티켓'을 주는 것이다. 스티커나 별표도 유용할 수 있다. 천장에 종이사슬을 걸어두는 선생님도 있다. 학생이 행동 강령을 지킬 때마다 사슬고리를 하나씩 늘리는 식이다.

사슬고리가 계속 늘어나 바닥에 닿게 되면 간식 파티를 열어준다. 매점 이용권이나 원하는 주차장 사용권, 댄스파

티나 운동 경기 티켓 할인권도 보상으로 적절하다. 반드시 거창할 필요는 없다. 학생의 노력을 인정해주는 선물이면 무엇이든 좋다.

이때 한 가지 주의 사항이 있다. 외부적 보상은 프로그램 초기에만 주는 것이 좋다는 것인데, 행동의 개선이 필요한 시기이기 때문이다.

배럿은 학생의 행동을 교정할 때마다 다섯 가지 잘한 일을 찾아 칭찬해주라고 권한다. 학생이 잘못을 저질렀을 때는 따끔하게 지적을 해줘야 할 필요도 있지만 그보다는 잘한 행동에 대한 칭찬이 행동교정에는 더 효과적이라고 강조한다.

"잘못을 지적하기보다는 칭찬을 통해 잘한 행동을 독려하는 것이 좋습니다."

또한 그녀는 학교에서 올바른 행동의 모델이 되어줄 어른이 필요하다고 덧붙인다.

"학생들이 아침에 등교하면 '정말 반갑다'고 인사를 건네세요. 진심을 담아서 말이에요. 아이들은 가식적인 행동을 금방 알아봅니다. 아니면 '지각하지 않아서 고맙다'고 말해주세요. 이런 인사를 시작으로 자연스럽게 대화를 시작할 수 있습니다. 잘못된 행동을 하면 지적을 하되, 앞으로 어떻게 해야 할지도 알려주세요. '어제 수업 시간에 조금 소란스럽던데 할 말이 있으면 손을 들고 말해주겠니?'라는 식으로요. 절대 학생들 위에 서서 군림하려 해선 안 됩니다. 학생들이 가장 거슬려 하는 것이 바로 교사의 '강압적인 말투'니까요."

올해 노스 카운티 고등학교의 졸업식이 기대된다. 학교를 떠나는 것을 섭섭해하는 졸업생들의 모습을 볼 수 있을 테니까. 예전이라면 상상하기 힘들었을 장면이라고 학생들은 말했다.

"이제 곧 학교를 떠난다니 얼마나 섭섭한지 몰라요. 가끔 들를 수는 있겠지만요. 눈물이 나올 것 같아요."

1학년 때만 하더라도 레베카는 5분이라도 빨리 학교가 끝나기만을 기다리던 학생 중 하나였다. 그런 그녀가 지금은 누구보다도 학교를 사랑하고 그리워한다. 존중의 힘이 이런 기적을 만들어냈다. 샤인혼 교감은 말한다.

"존중 프로그램을 통해 학생들이 분명하게 깨달은 것입니다. '나의 미래를 밝게 만들려면 지금 당장 무엇을 해야 할까'라고 물었을 때 '나를 존중하는 마음'이 정답이라는 사실을요. 진정으로 자기를 아낀다면 아무것도 아닌 일에 친구들과 싸움을 벌이며 시간낭비를 하는 지금 자신의 모습을 부끄러워할 수밖에 없지요."

◆ **Respect** ◆

당신의 동의 없이는
아무도 당신에게 열등감을 느끼게 할 수 없다.

– 엘리너 루즈벨트

당신만의 긍정 에너지를
전파시켜라

　아무리 가능성이 희박해 보일지라도 자존감을 잃어서는 안 된다. 특히 회사 면접처럼 결정적인 순간에는 계란으로 바위도 칠 수 있을 정도의 자신감이 필요하다.

　영업맨 출신인 브라이언 매튜 사장은 20년이 넘도록 수많은 젊은이들의 면접을 봐왔다. 그는 면접에서 이야기를 나누어보면 그 사람이 앞으로 영업에서 큰 인물이 될지, 아니면 중도 탈락하고 다른 길을 선택하게 될지 감을 잡을 수 있다고 한다. 어떻게 그런 일이 가능할까.

"사실은 매우 간단합니다. 당신도 금방 그렇게 알 수 있게 될 거예요."

매튜 사장은 몇 달 전에 채용한 젊은이 이야기를 꺼냈다.

"그 친구와 이야기를 몇 마디 해보고 나서 바로 합격점을 줬어요. 사람의 기분을 좋게 만드는 힘이 있더군요. 요즘처럼 실업난이 심각한 시기에 일자리를 찾으러 다니고 있으니 얼마나 힘들겠어요?"

매튜 사장이 "직원 채용 계획을 가진 회사가 거의 없을 텐데, 일자리를 구하러 다니느라 고생이 많았겠군요"라고 묻자 그 젊은이는 "아닙니다. 일자리를 구하러 다니는 건 고생이 아니죠. 직장을 잡으면 다시 돈을 벌 수 있잖아요"라고 답했다.

매튜 사장은 속으로 놀랐지만 내색하지 않고 다음 질문을 했다.

"여유가 있는 걸 보니 구직활동을 시작한 지 얼마 되지 않은 것 같군요. 우리 회사가 처음 면접 보는 회사인가요?"

젊은이가 웃으며 말했다.

"아뇨. 실직한 지 두 달이 넘었습니다. 이 회사가 쉰여섯 번째입니다. 인사 담당자가 몇 분도 시간을 내주지 않은 경우가 대부분입니다만."

"오! 그렇군요. 결혼을 한 것으로 나와 있는데, 배우자의 경제활동으로 버티고 있나요?"

"아뇨. 집사람도 실직을 했고, 새 직장을 찾고 있습니다."

매튜 사장은 젊은이의 조용한 미소와 군더더기 없는 설명에 매료되었다. 흐뭇한 미소를 머금으며 마지막 질문을 던져보았다.

"내가 당신을 채용하지 않는다면, 집에 돌아가 아내에게 어떻게 이야기하겠습니까? 실망을 클 텐데요."

젊은이는 거침없이 말했다.

"아내에게 쉰여섯 번째 면접이 수포로 돌아갔지만 그 회사 대표이사에게 커피를 대접받았다고 자랑할 겁니다. 문전박대 당하던 것에 비하면 커다란 발전이니까요. 그리고 내일은 쉰일곱 번째 회사를 찾을 겁니다."

매튜 사장은 일어나서 악수를 청했다.

"나와 함께 일해봅시다. 당신을 채용하겠습니다."

그 젊은이는 지금 매튜 사장의 회사에서 일하며 다시 한 번 도약을 준비하고 있다.

비슷한 상황에서 면접을 통과하지 못하는 사람도 있다. 아니, 정확히 말하면 대부분이 그렇다. 매튜 사장은 어제도 그런 실망스러운 면접을 보았다고 말했다. 사람은 좋아보였지만 어쩐지 보고만 있어도 힘이 빠지는 기분이 들었다고 했다.

매튜 사장이 물었다.

"구직난이 심각한데 일자리를 구하느라 고생을 많이 했겠군요."

젊은이가 대답했다.

"네. 넉 달 동안 일자리를 구하지 못했습니다. 경제가 정말 어려우니까요. 저를 채용해주신다면 정말 열심히 일하겠습니다."

"옛말에 '두드리면 열릴 것이다'라고 했지요. 여기에 오기 전까지 얼마나 많은 회사의 문을 두드려보았나요?"

"아…… 몇 군데밖에 가보지 않았습니다. 사장님 회사에 대한 정보를 듣고 저한테 꼭 맞는 곳이란 생각을 했습니다."

"우리 회사에서는 영업이 가장 중요합니다. 영업은 사람을 상대로 하는 것이고, 최고의 영업은 상대를 감동시키는 것이죠. 당신에게 소질이 있는지, 어디 봅시다. 사장인 나를 감동시켜보세요."

"연기를 하란 말씀인가요? 무슨 말씀이신지……."

매튜 사장이 정리하는 질문을 던졌다.

"내가 당신을 채용하지 않는다면 당신은 어떻게 할 생각인가요? 다음 계획은 무엇입니까?"

젊은이는 깜짝 놀랐다. 사장이 그런 질문까지 하리라고는 예상하지 못했을 것이다. 대부분의 면접은 '좋은 말'로 안심시켜서 보내는 경우가 많으니까 말이다.

"아…… 그건…… 그래도 저를 채용해주신다면……."

매튜 사장은 그에게 무엇이 문제인지 이야기해줘야겠다고 생각했다. 그 젊은이가 자신의 말을 얼마나 받아들일지는 알 수 없지만, 그의 발전을 위해 진심 어린 충고를 해주고 싶었다.

"당신은 자존감부터 가져야겠어요. 집에 돌아가면 가족들 앞에서 '나는 앞으로 달라지겠다'고 선언하세요. 당신은 지금 자존감을 잃은 상태입니다. 구직활동은 구걸이 아닙니다. 자존감은 고용주 앞에서라도 지켜져야 하는 겁니다. 당신을 움직이는 원동력은 자존감이어야 해요. 그것이 당신의 성공을 밝히는 빛이 되어야 하고요. 그런데 지금 당신은 구직을 애걸하고 있습니다. 주문을 걸어보세요. '나는 끝까지 해낼 거야. 나는 괜찮아' 이렇게 말입니다. 그렇게 훈련을 한 다음에 다른 회사를 찾아가 보세요."

매튜 사장은 36년간 사람들을 상대하며 영업을 해온 사람이다. 그는 첫 만남에서도 사람을 금방 파악해낸다. '그 사람이 어떤 사람인지는 얼굴에 나와 있다'는 식이다.

"나는 얼굴을 두 가지로 구분합니다. 하나는 보는 이에게 힘을 주는 얼굴이고, 다른 하나는 보기만 해도 힘이 빠지는 얼굴입니다. 표정에 나와 있습니다. 대개 힘을 주는 사람들이 좋은 실적을 냅니다. 자존감이 높기 때문에 얼굴에 그게 바로 드러나죠. 자존감이 높은 사람들은 주변 사람들에게까지 긍정 에너지를 나눠주니까요. 반대로 자존감이 낮은 사람들은 주변 사람들에게 걱정과 우환을 안겨줍니다."

회사의 채용 담당자들은 많은 경험을 통해 그런 얼굴들을 가려내는 경향이 있다. 생각, 특히 자기 자신에 대한 생각은 얼굴에 표정으로 드러나기 마련이라는 것이 그들의 한결같은 주장이다.

자기를 존중하는 사람은 자신의 강점과 약점을 파악하고 그것을 있는 그대로 인정할 줄 알며, 사소한 실패에 휘청거리지 않는다. 실패를 경험했다고 '내가 생각하는 나의 모습'이 바뀌지는 않기 때문이다. 그런 사람의 표정에서 편안함을 느낄 수 있는 이유이기도 하다. 반대로 자존감이 낮은 사람은 아무리 연습을 한다고 해도 채용 담당자들의 허를 찌르는 질문에는 본래 모습을 드러낼 수밖에 없다. 그런 사람들에게는 스스로를 존중하는 진심이 없기 때문이다.

그렇다면 자존감을 높이려면 어떻게 해야 할까? 자존감은 충분히 계발이 가능한 소질이다. 다른 사람의 허락이나 승인이 필요하지 않다. 스스로 존중받을 가치가 있다고 생각하면 된다. 자존감은 하늘로 솟아오르는 폭죽과도 같아서 긍정적인 감정을 고무시키면 끊임없이 의지가 불타오르게 된다.

일단 스스로에게서 존중받을 만한 소질을 하나 찾아보자. 그러고 나면 또 다른 소질들이 계속해서 나타날 것이다. 자존감을 높일 수 있는 현실적이고도 간단한 방법을 몇 가지 소개하면 다음과 같다.

첫째, 존중받을 만한 소질을 개발한다. 자신만의 침울한 세계에서 빠져나오도록 노력한다. 자선 단체에서 자원봉사를 해도 좋고, 아이들 축구팀의 코치를 맡아도 좋다. 자원봉사는 다른 사람들을 위한 활동이다. 긍정적인 감정을 북돋아주고 부정적인 생각을 없애준다. 어떤 활동을 해야 할지 모를 때는 앞서 작성한 SRI 목록을 참조한다. 큰 도움이 될 것이다.

둘째, 자책하는 태도를 버리고 스스로를 '바보', '멍청이'라고 부르지 않는다. 누구나 실패는 한다. 다음에 더 잘하겠다고 다짐하면 끝이다. 그냥 훌훌 털어버리면 된다.

셋째, 긍정적인 태도를 갖는다. 접시를 닦는다고 해서 부끄러워하지 말자. 최고의 접시닦이가 되면 된다. 영업사원이라면 어디서나 알아주는 영업사원이 될 수도 있다. 어떤 직업이냐는 중요하지 않다. 열심히 하면 누구나 자신의 분야에서 최고가 될 수 있다.

넷째, 내가 되고 싶어 하는 모습을 찾는다. 사람은 자존감을 잃으면 어떤 노력도 하지 않으려 한다. 내가 되고 싶은 모습이 무엇인지 먼저 찾아보자. 원하는 방향으로 나아갈 수 있는 나침반이 되어줄 것이다.

다섯째, 활기차게 생활한다. 옷장 정리나 조깅, 세차 같이 변화가 즉시 느껴지는 활동에 전념해보자. 다른 활동에 신경을 쏟다 보면 패배감에 빠져 허우적대는 악순환에서 벗어날 수 있다.

여섯째, 가급적이면 존재만으로도 주변이 밝아지는 사람들과 어울리도록 노력한다. 매튜 사장이 고용한 젊은이 같은 사람을 찾아보자.

◆ **Respect** ◆

스스로를 존중하는 사람은
다른 사람에게 상처받지 않는다.
마치 어떤 창으로도 뚫을 수 없는
갑옷을 입고 있는 것과 같다.
– 헨리 워즈워스 롱펠로우

PART

IV

리스펙트,
품격 있는 리더의 조건

◆

모세는 히브리인이었지만
이집트의 왕자로 성장했다.
왕궁에서 이집트가 제공하는
최고의 것들만을 제공받았다.
하지만 모세는 히브리인을 학대하는
이집트인을 충동적으로 살해한 뒤,
광야로 도망쳐 40년간의 도피 생활을 해야 했다.
히브리인을 이끌어 그들을 새로운 세계로 인도했다.
리더가 되기 위해서는 대가가 필요하다.
그것이 큰 것이든 작은 것이든,
다른 사람을 이끄는 일에는 희생이 뒤따라야만 한다.
그런 희생이 리더의 품격과 성공을 빛나게 해준다.

성공의 씨앗을
끊임없이 뿌리는 사람들

　성공하는 사람들을 면밀히 살펴보면 그들이 일상에서
언제나 성공의 씨앗을 뿌리고 있다는 점을 파악할 수 있다.
파종기와 수확기가 따로 있는 게 아니다. 그들은 끊임없
이 씨앗을 뿌린다.

　그리고 그렇게 뿌리는 씨앗이 여기저기서 자란다. 그가
발을 딛었던 곳 모두에서 싹이 트고 성공을 향한 성장이
일어나는 것이다. 그들은 다른 이를 존중하며, 그들로부

터 존중받는다. 그것이 그들의 파종과 결실이다.

　많은 스포츠 스타들과 코치 역시 이러한 '파종'의 위력을 잘 알고 있다. 메이저리그 시카고 컵스의 2루수였던 라인 샌드버그는 지난 2006년 '명예의 전당'에 이름이 올랐을 때 이렇게 말했다.

　"달리 할 말은 없습니다. 제 성공은 어디까지나 다른 사람들 덕분입니다."

　이와 비슷한 소감을 어디선가 많이 들어보았을 것이다. 이런 이야기를 들을 때면 그들이 마음에도 없는 겸손을 떤다고 생각하기 쉽다. 물론 그럴 수도 있겠지만 관점을 조금만 바꿔서 생각해보자. 어쩌면 그들은 남들이 모두 부러워하는 상을 받는 그 순간조차 '씨앗'을 뿌리고 있는 것인지 모른다. 미래를 위한 씨앗을 말이다.

　라인 샌드버그는 코치와 매니저들로부터 '매너 좋은 선수'로 이름이 알려져 있었다. 프로야구는 특급 스타 선수와 그렇지 않은 선수의 차별이 다른 종목에 비해 무척 두드러진 스포츠다. 오직 홈런을 많이 치는 타자와 삼진을 많이 잡은 투수가 주인공으로 대접받는다. 그러나 샌드버

그는 명예의 전당 가입 수락 연설에서 오히려 팀플레이를 강조했다.

"유니폼 앞에 새겨진 팀의 이름이 등에 새겨진 선수 이름보다 훨씬 중요합니다. 야구에서 승리는 팀에 대한 존중에서 시작된다는 것을 나는 야구를 통해 배웠습니다."

사실 샌드버그에 앞서 이와 비슷한 말을 한 사람이 있다. 바로 UCLA 대학 야구 코치인 존 우든이다. 그는 대학 야구 리그의 전설적인 코치로, 그가 이끈 팀은 NCAA 전국 챔피언에 10번이나 오르고, 전무후무한 88연승을 기록하기도 했다. 우든 역시 선수들을 존중하는 코치로 이름이 높다. 그는 선수들에게 항상 이렇게 강조했다.

"팀 동료들을 존중하지 않으면 절대 승리할 수 없다. 좋은 게임을 만끽하려면 상대편 선수까지도 존중해야 한다. 그것이 최고가 되는 비결이다."

〈오프라 윈프리 쇼〉 녹화장에도 성공의 씨앗을 뿌리는 사람들이 많다. 나는 몇 년 전 오프라 쇼에 출연하면서 이 같은 사실을 발견했다. 차가 녹화장 밖에 도착하자 어디서 다가왔는지 경호원이 나타났다. 그는 큰 덩치에 어울리지 않는 친절한 미소로 차 문을 열어주었다.

"우리 쇼에 오셨나요? 지금부터 우리와 함께 즐기세요."

스태프들도 친절하기는 마찬가지였다. 그들은 스타급 인사 외에는 거들떠보지 않는 어느 방송 제작자들과는 확실히 달랐다. 오프라 쇼의 사람들은 모두가 함께 멋진 프로그램을 만들어보자는 열의를 갖고 있었고, 그것을 진심으로 나누고 싶어 했다. 상당수의 쇼 프로 제작자들이 '당신 같은 사람 출연시켜주는 것만으로도 감지덕지인 줄 알아'라는 말을 얼굴에 써놓고 있는 것과는 너무나 상반됐다.

"와주셔서 감사합니다. 오프라가 기다리고 있어요."

대기실에 들어가자 직원들이 다가와서 내게 인사를 건넸다. 오프라는 어디서 이런 멋진 사람들을 데려온 것일까?

사실 이런 존중의 분위기는 쇼 진행자 오프라 윈프리로부터 시작된 것이다. 그녀는 《블랙 엔터프라이즈》와의 인터뷰에서 이렇게 말했다.

"제 토크쇼의 핵심은 초대 손님을 존중하는 것입니다. 초대 손님으로부터 감동적인 무엇인가를 끌어내기 위해선 그 사람을 존중해야만 하거든요. 저뿐만 아니라, 우리 팀원 모두가 마찬가지입니다. 그것이 우리 쇼를 오랫동안 이끌어온 비결이죠. 쇼의 성공은 그런 수많은 초대 손님들이 만들어준 겁니다."

오프라가 토크쇼에 이어 라디오 방송, TV, 영화 등 다방면에서 눈부신 성공을 거두고 여성 방송인으로서 최고의 위치에 오른 것도 그녀가 오랫동안 뿌려온 씨앗 덕분이었다.

오프라 팀 사람들에게 감동을 받은 나는 내가 진행하는 〈인사이드 에디션〉에도 같은 방식을 도입해보았다. 그랬더니 실제로 프로그램 녹화장인 CBS 방송센터 스튜디오 44의 분위기가 확연히 달라졌다. 물론 실수나 사고가 없지는 않다. 그러나 짜증과 호통은 확실히 줄어들었다. 우리는 많은 시간을 녹화장에서 보내지만 일하는 분위기는 매우 즐겁다. 우리는 서로를 '스튜디오 사람들'이라고 부르기로 했다.

팀원들의 직업정신이 투철하기 때문에 혹은 숙달이 되었기 때문에 즐기면서 일을 하게 된 것일까? 그렇지 않다. 서로를 존중하고 배려하는 마음 때문에 가능한 것이다.

무대 감독인 웨인은 헤드셋을 통해 내게 지시를 하면서

뭔가 이상이 생기면 즉시 알려준다. 무대 진행을 맡은 토미는 조명에 잘못된 곳이 있으면 다른 사람들이 눈치 채기 전에 문제를 뚝딱 해결한다. 딘은 박진감 있는 화면을 담고자 한 번에 두 대의 커다란 카메라를 조작한다. 이렇게 서로가 서로를 뒷받침하고 있는 것이다.

우리 팀과 함께 일할 수 있다는 것은 내게 크나큰 행운이다. 우리는 서로를 존중함으로써 행운을 만들어내고 있다. 매번 프로그램을 제작할 때마다 그러한 사실에 감사함을 느낀다. 그래서 우리는 늘 '고마워'라는 말을 달고 산다. 누군가가 카메라 앵글에 잡히지 않도록 선을 치워주면 다른 사람들이 일제히 "고마워!"라고 외친다. 그러면 상대는 늘 "천만에"라고 대답하며 웃는다.

오프라 윈프리의 스튜디오에서 배워온 작업 방식이 우리 스튜디오 44를 완전히 바꿔놓았다. 새로운 카메라맨이나 무대 담당자가 들어오게 되면 우리는 잠시 일을 멈추고 커피를 마시며 인사를 나눈다. 이런 분위기 때문인지 CBS의 직원 가운데 스튜디오 44에서 일하고 싶다며 지원하는 사람들이 부쩍 늘었다고 한다. 우리는 이렇게 우리도 모르는 사이에 성공의 씨앗을 뿌리는 사람들이 되고 있었다.

당신도 그렇게 될 수 있다. 서로 조금만 존중하고 배려하는 마음을 갖는다면 말이다. 매일의 삶에서 미래를 위한 씨앗을 뿌려라. 그것은 언젠가 커다란 결실로 당신에게 보답할 것이다.

✦ Respect ✦

선한 봉사의 씨앗을 뿌려라.
감사의 기억들이 이 씨앗을 자라게 할 것이다.

– 제르멘 드 스탈

바라는 것이 있다면
먼저 행동하라

존중 문화는 리더의 솔선수범과 신뢰에서 출발한다. 존중 문화로 성공을 거두는 조직의 중심에는 오프라 윈프리 같은 '존중형 리더'가 있다는 사실을 우리는 쉽게 발견할 수 있다. 신뢰는 리더가 솔선수범하지 않으면 만들어지지 않는다. 그래서 조직의 존중 문화는 리더의 품격을 나타내는 시금석이라고도 볼 수 있다.

어떤 물건이나 서비스를 구매했다가 문제가 생겨서 클

레임을 제기해본 경험이 있을 것이다. 이럴 때 회사 직원들의 대응을 보면 그 회사 경영진이 어떤 사람인지가 드러난다. 서로를 존중하지 않는 회사의 직원들은 고객에게도 그 태도를 드러낸다. 주주가치 같은 것은 뒷전이다. 제품이나 서비스를 기획하고 개발하는 단계에서부터 고객에 대한 배려를 찾아볼 수 없다. 회사에서 존중을 주고받아본 적이 없으니, 고객을 왜 존중해야 하는지 알지 못한다.

이 모든 일의 원인과 책임은 경영자에게 있다. 경영자가 직원들을 제대로 존중하지 않은 탓이다. 솔선수범하지 않고 신뢰도 쌓지 못해 품격이 없는 것이다. 이는 회사의 존속에도 크나큰 영향을 미친다. 일류 회사에는 높은 품격을 가진 경영자가 있고, 격이 낮은 경영자는 낮은 품질의 제품을 내놓아 고객들의 원성을 산다.

《포춘》 선정 '일하기 좋은 100대 기업'에서 항상 상위권에 오르는 분석 소프트웨어 개발회사 SAS 인스티튜트는 이러한 점에서 확실히 남다른 면모를 보여준다. 《포춘》의 선정 이유를 보면 그럴 만도 하다. 설립된 지 40년이나 된 전통 있는 기업이지만 일찍이 주 35시간 근무제를 도입했고, 탁아 시설과 피트니스 센터 등 직원들에게 최고 수준의 복지를 제공한다. 뿐만 아니라 의사 네 명과 간호사 10명이 상주하는 사내 의료센터를 무료로 이용할 수 있으며, 외부 의료기관을 이용할 경우 1,000달러까지 회사가 진료비를 지원해준다.

직원의 45퍼센트는 여성이다. 회사는 워킹맘들을 위한 배려 차원에서 저녁 식사 준비 시간을 아끼고 싶은 직원들을 위해 '가지고 가서 드세요Meals to go'라는 프로그램을 운영하고 있다. 집에 가서 간단하게 요리해 먹을 수 있도록 식사 재료를 챙겨주는 것인데, 기혼 여성 직원들에게 대환영을 받고 있다.

SAS에서는 경영자가 간부에게 지시를 하고, 간부가 직원에게 지시를 하는 명령과 복종의 시스템을 찾아보기 힘들다. 모두가 개발자이며 팀별로 논의해 개발 과제를 결정한다. 경영자들도 자기가 하고 싶은 일(프로그램 개발)을 하며 다른 직원들을 돕는다.

이런 솔선수범과 신뢰의 문화는 최저 수준의 이직률로 나타난다. 미국 IT 기업들의 평균 이직률은 연 17~20퍼센트에 달하는 데 반해 SAS는 가장 심했던 해에도 2퍼센트를 넘지 않았다. SAS의 공동창업자 짐 굿나이트는 인터뷰를 통해 자신의 철학을 이렇게 강조한다.

"모든 기업이 마찬가지입니다. 경영자가 직원들을 믿고 특별하게 대우하면 성과가 나기 마련이죠. 서로를 신뢰하고 존중해야 더 발전할 수 있습니다."

메이크업 아티스트로 성공한 로라 겔러도 SAS와 같은 기업 문화를 만들기 위해 애를 쓰고 있다.

메이크업, 특히 엔터테인먼트 분야의 메이크업 작업은 한번 시작하면 눈코 뜰 새 없이 바쁘다. 스타들의 메이크업에는 보통 서너 시간 이상이 소요되기도 한다. 좀 더 좋은 모습을 보여주려는 스타의 요구에 부응하려면 메이크업 아티스트에게는 남다른 통찰력은 물론 튀는 아이디어, 장시간의 집중력이 필수다. 그렇게 서너 시간 동안 일에 몰두하다 보면 아티스트들은 녹초가 되기 십상이다.

그런 그녀의 회사에선 아주 독특한 장면을 자주 볼 수 있다. 일에 정신이 팔려 있는 직원들에게 팀장이 다가간다. 그리고 생수에 빨대를 꽂아서 내민다. 직원은 잠깐 고개를 돌려 물을 마시고는 다시 작업에 몰두한다. 내가 처음 그 장면을 봤을 때만 해도 팀장이 그러한 행동을 한다는 것이 낯설기만 했다. 왜 그렇게 하느냐는 나의 질문에 로라는 이렇게 대답했다.

"고객들은 목이 마르면 언제라도 물을 청해 마실 수 있어요. 그들의 권리이기도 하죠. 그러나 아티스트들은 목이 말라도 참는 경우가 많아요. 직업의 특성상 타이밍을 놓칠 때가 많거든요. 우리 모두는 건강을 위해 물을 충분히 마셔줘야 해요. 팀장들이 작업을 총괄하다가 그 문제점을 인식했고, 그들이 팀원들을 도와주는 것으로 문제를 해결한 셈이죠."

직원들의 작은 불편도 챙기는 이러한 문화는 사장인 로라 겔러에서부터 출발한다. 로라는 직원들의 생일이면 집으로 꽃을 보낸다. 기혼 직원의 경우엔 특별 휴가를 주기도 한다. 직원의 남편과 미리 상의해 깜짝 이벤트를 해준 적도 있다. 물론 비용은 모두 회사 부담이다. 경제위기로 인한 경영난 때문에 잠시 중단되긴 했지만 상황을 보아가며 다시 시작해보겠다고 로라는 말한다.

"우리는 다른 회사들과 달라요. 톱스타들을 더욱 품격 있게 가꿔주는 게 우리의 일이죠. 곧 품격을 판다는 말입니다. 그런데 우리 직원들의 품격을 계발하지 않는다면, 그건 신제품 내놓기를 거부하는 제조업체와 다를 바가 없는 것이죠. 직원들이 품격을 지키는 안정적인 생활을 할 수 있어야 우리 서비스의 품격도 높아집니다."

솔선수범하는 리더는 가정에서도 자신의 원칙을 이어 간다. 아이들에게 존중이 무엇인지 직접 보여주고자 노력 하는 것이다.

아이들은 자기가 본 대로 행동하고 그것은 이내 습관으 로 자리 잡는다. 어찌 보면 존중을 상실하고 위기에 몰린 지금의 미국 사회를 만든 책임 가운데 절반 이상은 솔선 수범하지 못한 부모들에게도 있다.

로라 겔러는 새벽에 일어나자마자 컴퓨터를 켜고 일정 을 체크한다. 밤새 들어온 뉴스를 보며 주요 고객들에게 무슨 일이 있는지 살펴야 하기 때문이다. 그래야 돌발 상 황이 발생해도 빨리 대응할 테니까. 그녀가 그렇게 바쁜 아침 시간을 보내는 사이, 그녀의 남편이 늘 하는 '아침 루 틴'이 있다. 로라보다 더 일찍 일어난 남편은 조깅을 마치 고 돌아와 커피를 준비한다. 그러고선 예쁜 컵에 모닝커피를 담아 그녀 옆에 놓아두고 자신의 일과를 준비한다.

남편도 회사 일로 바쁘기는 마찬가지인데 수년 동안 이어진 그런 사소한 배려가 그녀를 늘 감동시키곤 한다. 부부는 언제나 존중받기에 앞서 존중해주려고 신경을 쓴다. 로라와 남편은 일상에서 고마움을 느끼면 아이가 보는 앞에서 서로를 칭찬한다. 그녀는 아침 식사자리에서 아이들에게 종종 이렇게 말했다.

"너희 아빠는 정말 멋진 사람이야. 아침마다 엄마를 위해 커피를 준비하잖니. 엄마가 기분 좋게 하루를 시작할 수 있도록 말이야."

그녀는 아이들에게 그런 아빠를 둔 것이 얼마나 행운인지를 늘 상기시킨다. 아빠의 배려를 당연하게 받아들이지 않고 감사하는 마음을 갖도록 말이다. 그녀의 남편은 앞으로도 자신만의 '아침 루틴'을 계속할 것이다.

로라는 남편의 그러한 배려 깊은 행동이 어디서부터 나온 것인지 무척 궁금했다. 그러다 시부모님과 함께 여행을 가게 되면서 그 행동이 시아버지로부터 비롯됐음을 알게 되었다. 시아버지도 똑같이 커피를 타서 시어머니께 가져다주고 아침 식사를 준비했던 것이다. 남편이 아침마다 그녀에게 해주는 일들은 알고 보니 어렸을 때부터 아버지를 보고 배운 행동들이었다.

우리 모두는 우리 아이가 자라나 훌륭한 사람이 되어 행복하게 살기를 원한다. 그렇다면 내가 먼저 실천에 옮겨야 한다. 나와 주변 사람들을 존중하고, 솔선수범함으로써 신뢰를 쌓아가야 한다. 솔선수범과 신뢰는 성공의 연쇄반응 시스템이다.

◆ Respect ◆

리더가 조직원들과 공유해야 할 가치

· 내가 먼저 존중할 때 나 역시 존중받는다는 '황금률'을 먼저 실천한다.

· 예의 바르게 행동한다. 악수는 공손하게, 상사의 말은 경청한다.

· 약속을 지킨다.

· 항상 겸손하려고 노력한다.

· 줄을 서거나 대화를 할 때에는 다른 사람에게 양보한다.

현명한 리더는
남과 비교하지 않는다

"그럴 리가 없을 텐데요. 내가 맡은 부분에선 아무 문제가 없었거든요. 내 일은 다 끝났으니까 퇴근할래요."

"그런 건 내 일이 아니잖아요? 내가 그 일을 왜 해야 하는지 설명해줄래요?"

제대로 일도 하지 못하면서 혼자 잘난 척을 하고, 결과가 좋지 않으면 남에게 뒤집어씌울 생각부터 하는 직원들은 어느 조직에나 있다. 이런 직원들의 공통점은 되바라졌다는 점이다. 상사든 동료든 존중하지 않는다. 오로지 자기 자신만이 중요할 뿐이다. 공격적인 말투가 사람들의 호의를 무색하게 만들고, 친절을 베풀려고 다가가면 고슴도치처럼 가시를 곤두세운다.

사실, 그런 사람들은 아직 성숙하지 못해서 그런 행동을 하는 것이다. 마치 반항기 가득한 10대 아이들처럼 말이다.

어떤 사람들은 "헬리콥터 맘(헬리콥터처럼 자녀의 주위를 맴돌며 챙겨주는 엄마를 지칭하는 말 — 옮긴이)들이 자신들의 직장 생활까지 망치고 있다"면서 개탄한다. 하지만 문제의 원인은 엄마들이 지나치게 감싸기 때문이 아니다. 오히려 제대로 존중하지 않았기 때문이다.

스티븐 카터 예일대 법대 교수는 이렇게 말한다.

"아이를 격려하기 위해 피그말리온 효과를 이용하는 것까지는 좋습니다. 하지만 그것을 잘못 적용하면 오히려 아이의 자존감을 해칠 수 있습니다. 아이의 문제해결 능력을 북돋워주는 '성과 칭찬'보다 더 탁월한 아이들과 견주는 '비교 칭찬'을 많이 하기 때문에 아이가 상처를 받는 것이죠."

피그말리온은 그리스 신화에 나오는 조각가의 이름이다. 그는 자신이 만든 조각상과 사랑에 빠져 조각상에 생명을 불어넣어달라고 신에게 간청한다. 신은 그의 간절한 소망에 감동해 결국 그 부탁을 들어준다. 이 신화에서 유래한 '피그말리온 효과Pygmalion Effect'는 기대를 드러냄으로써 다른 이의 행동에 긍정적인 영향을 주는 것을 일컫는 용어다. 긍정적인 기대가 듣는 사람의 숨겨진 능력을 끌어내어 극대화시킨다는 의미로 주로 쓰인다.

피그말리온 효과에 대한 여러 연구들 중 오리건주 리드 대학 연구원들이 초등학생을 대상으로 한 연구가 특히 주목할 만하다. 연구팀은 다른 사람과 비교하는 칭찬(비교 칭찬)과 스스로 문제를 해결하는 능력에 대한 칭찬(성과 칭찬), 두 가지 중에서 어느 것이 더 효과적일지를 알아보기 위해 초등학교 4~5학년 학생들에게 퍼즐 문제를 던져주고 두 가지 방법으로 칭찬을 했다.

먼저 한 그룹의 아이들에게는 비교 칭찬을 해주었다.

"대단하구나. 다른 그룹보다 훨씬 잘하는데? 대부분의 아이들은 풀지 못하더구나."

다른 그룹의 아이들에게는 노력에 대해 칭찬을 해주었다.

"잘했다. 너희들의 노력은 정말 대단해. 퍼즐에 대한 이해도도 탁월했어. 깊은 인상을 받았단다."

그런 다음 연구팀은 아이들에게 더욱 난해한 퍼즐 문제를 풀도록 했다. 문제를 푼 학생들을 대상으로 설문조사를 실시한 결과, 노력에 대해 칭찬을 받은 학생들은 자신의 내적 동기에 의해 문제를 풀었다고 답했다. 어려움에 도전하는 자신의 모습을 즐기면서 문제를 푼 것이다. 그들은 다소 난해한 문제를 두려워하지 않았다. 리드 대학 연구원들은 "성과 칭찬이 아이들로 하여금 실력을 과시하기보다는 능력 향상에 관심을 갖도록 해주었다"고 밝혔다.

반면 비교 칭찬을 받은 아이는 칭찬해주는 사람이 없으면 오히려 역효과를 낸다. 비교하는 칭찬은 오직 1등만을 강조한다. 만약 1등을 했다고 치자. 하지만 다음에 성적이 좋지 않으면 어떻게 될까? 언제나 1등만 할 수는 없는 법이다. 따라서 비교 칭찬은 성취도가 낮은 아이들에게 상처가 될 수 있다.

세상을 살아가는 데는, 내가 세상을 보는 관점도 중요하지만 내가 나 자신을 보는 관점 역시 커다란 영향을 미친다. '남들이 보는 나'와 '내가 보는 나'가 얼마나 일치하느냐가 높은 자존감을 형성하는 관건이다.

특정한 목표를 달성했을 때에만 존중을 받고, 그렇지 못할 때에는 존중받지 못하는 환경에서 자라난 아이는 자기 자신보다 '칭찬받을 수 있는 조건'을 더 중요하게 여기게 된다. 그러다 보면 결국 자존감을 잃고 현실을 왜곡하거나 지나치게 방어적으로 변한다. 다시 카터 교수의 말을 들어보자.

"비교하는 칭찬은 아이의 가슴에 거듭해서 좌절감을 안겨줍니다. 학생 시절 내내 마음속에 부정적 자아를 쌓으면서 자란 아이가 자존감을 가진 성인으로 직장생활을 한다는 것은 쉽지 않죠. 직장에서 인간관계 때문에 어려움을 겪는 젊은이들에겐 이런 공통된 경험이 있는 겁니다."

현명한 리더는 성과 칭찬을 통해 부하 직원들의 숨겨진 재능을 이끌어낼 수 있는 사람이다.

그들은 피그말리온 효과를 제대로 활용할 줄 안다. 직원에 대한 리더의 긍정적인 기대가 조직원의 태도는 물론 작업 효율에도 영향을 미치고, 결국 창의력 발휘와 생산성 증대로 이어진다는 것을 잘 알고 있다. 만약 당신이 상사라면 지시해놓은 일을 하지 않은 직원에게 어떻게 말하겠는가?

"폴, 지금까지 대체 뭘 한 거야? 내가 오늘까지 해놓으라고 했잖아?"

그러나 현명한 리더들은 아무리 못마땅한 직원이라도 그렇게 함부로 이야기하지 않는다. 자기 기분이 좋지 않을지라도 감정을 누르고 직원의 인격을 존중하며 말한다.

"폴, 혹시 플랜에 무슨 문제가 있는 건가?"

현명한 리더는 이처럼 '일'을 물어본다. 일 자체와 그 일을 맡은 직원을 분리해서 이야기를 꺼내는 것이다. 혹시 일 자체의 문제인지 확인부터 한다. 근본적인 혹은 돌발적인 문제가 발생했는지 점검하는 것이다. '일'에는 문제가 없으며 직원의 개인 사정이 문제로 밝혀지면 이렇게 말한다.

"알았어. 폴. 그렇다면 자네가 예상하기에 그 일이 언제쯤이면 마무리될까?"

역시 직원을 압박하기보다는, '일의 마무리'에 초점을 맞추어 직원이 스스로 마감 시한을 정하도록 선택권을 준다.

이처럼 현명한 리더는 '잘한 점'을 칭찬한다. '누구와 비교해' 칭찬하지 않으며, '잘못된 점'에 대해 지적하고, '그것을 개선하는 방안'에 대해 논의한다. '잘못한 당사자'에 대한 것은 그다음의 일이다. 또한 좋은 리더는 직원이 스스로 행동을 개선할 때까지 기다려준다. 그렇게 존중과 칭찬으로 자존감을 회복한 직원은 스스로의 잘못된 행동을 고치려고 하고 리더의 반응에 신경을 쓰게 된다.

아무리 어려운 환경에 처해도 직원들이 리더를 믿고 따르는 데는 그만한 이유가 있다. 리더가 직원들을 믿고 기다려주었기 때문에, 그들 역시 리더를 믿는 것이다.

❖ Respect ❖

경영이란 어떤 일을 제대로 하는 것을 말하고,
리더십이란 올바른 일을 하는 것을 말한다.
– 피터 드러커

품격 있는
리더의 조건

경영자라면 누구나 같은 고민을 한다. '좋은 리더가 되려면 어떻게 해야 할까?', '변화를 이끄는 리더로 거듭나려면 어떤 모습을 보여야 할까?'라는 고민이다.

정치학자 제임스 맥그리거 번스는 퓰리처상을 수상한 저서 《리더십 강의》에서 '변혁적transformational리더십'이라는 용어를 처음으로 사용했다. 단순한 '변화change'가 아니다. '변혁transform'이다.

변혁적 리더십이란 '사람들의 의욕과 동기를 고취시켜 조직을 한 걸음 나아가게 하는 것'을 말한다. 따라서 변혁적 리더는 사람들이 수용할 수 있는 비전과 목표를 제시하면서 기존의 고정관념과 기대, 가치에 도전하고 이를 변화시키는 사람이다.

이들은 '비판을 통한 변화'를 추구하고 그 정도에서 만족하지 않는다. 기존의 제도와 패러다임을 전혀 새로운 관점으로 본다. 그래서 때로는 그 틀을 부수고 새로운 제도와 패러다임을 구축하려는 도전으로 이어지는 경우가 많다. 또한 이런 도전은 기존 시스템을 부정하는 동시에, 과거에는 인정받지 못했던 시스템을 편입시키려는 '규칙의 재창조'를 요구하기도 한다.

그렇지만 현실적으로 혁신은 '아이디어 차원'에서 이루어지지 않는다. 기업의 혁신은 절대 아이디어만 좋다고해서 성공하는 것이 아니다. 번스 같은 정치학자들은 "혁신은 조직의 '정치적 과정'을 통해 이뤄진다"고 설명한다. 리더가 아무리 혁신을 외치더라도 그것이 조직 구성원들의 지지를 얻지 못한다면 아무리 좋은 아이디어라도 소용이 없다는 얘기다.

다시 말해 혁신에서 가장 중요한 것은 조직원들의 지지와 공감이다. 변혁적 리더로서 성공하기 위해서는 조직원들의 공감과 지지라는 기반 위에서 혁신을 시도해야 하는 것이다. 그래야 진정한 혁신으로서 의미를 가진다.

혁신에 필요한 또 하나의 키워드는 바로 '행복'이다. 변혁을 이끌어내는 좋은 리더가 되기 위해서는 조직원의 행복이라는 가치를 잊어서는 안 된다.

"히틀러는 대단한 카리스마를 가졌고 세상을 뒤흔들었지만 국민들의 '행복'을 위해 권력을 사용하지 않았습니다. 그래서 그는 진정한 리더십을 가진 리더가 될 수 없었던 것이죠. 리더십의 핵심은 사람들에게 얼마나 행복을 성취하게 했는가로 평가받아야 합니다."

번스는 변혁적 변화는 어떤 한 '위인'의 성취를 통해 '한 방'에 만들어지는 것이 아니라 '위대한 국민'의 '집단적 성취'로부터 완성된다고 강조한다. 따라서 리더십의 가장 중요한 역할은 사람들에게 힘을 실어주어 그들이 스스로 행복을 추구할 수 있는 기회를 창조하고 확장시키는 것이라고 설명한다.

번스는 중국의 사상가 노자를 훌륭한 리더십을 보여준 인물로 자주 인용한다.

낳아 기르되 소유하지 않고

행하되 공을 내세우지 않으며

이끌되 지배하지 않는다.

이것이 가장 큰 덕이다.

이런 리더야말로 이 시대에 필요한 품격이 있는 리더의 모습이 아닐까.

변혁적 리더십 이론의 창시자인 버나드 베스와 브루스 아볼리오 교수는 사람들의 노력과 성과를 한 단계 끌어올릴 수 있는 변혁적 리더의 자질을 이렇게 정의했다.

- 이상적 영향력idealized influence: 변혁적 리더는 팀원들이 따라 하고, 닮고 싶은 마음이 들도록 존경과 존중, 신뢰를 받아야 한다.
- 영감을 주는 동기 부여inspirational motivation: 변혁적 리더는 열정과 긍정적 태도를 통해 일에 의미를 부여

하고 목표를 제시함으로써 팀원들에게 동기를 부여
해야 한다.

- 지적인 자극intellectual simulation: 변혁적 리더는 기존
의 문제를 새로운 방식으로 해석하고 고정관념에 의
문을 던질 수 있을 정도로 창의적이어야 한다. 또한
조직 구성원들의 지적 자극을 불러일으켜 조직의 일
에 적극적으로 관심을 갖도록 만들어야 한다.
- 개별적 배려individualized consideration: 변혁적 리더
는 충고와 지원을 통해 개인의 성장 욕구를 충족시켜
야 한다.

이렇게 타인에게 초점을 맞춘 리더십에는 어김없이 존
중의 정신이 관통한다.

품격 있는 리더들은 다음과 같은 특징을 가진다.

첫째, 그들은 일방적인 지시를 내리지 않고 창조적인 논
쟁을 즐긴다. '지시'가 아닌 '논쟁'을 펼칠 때, 그리고 그것
을 열린 마음으로 존중해줄 때 직원들은 더 많은 아이디
어를 쏟아내며 적극적으로 일할 수 있다.

둘째, 단점을 고치려 하기보다 장점을 극대화시킨다. 회사는 인격수양의 장소가 아니다. 각자의 장점을 발휘해 높은 성취를 이뤄가는 곳이다. 직원의 단점을 따지면서 비판하는 것은 시간 낭비일 뿐이다. 직원을 비롯해 조직 전체의 사기를 꺾을 수도 있기 때문이다. 품격 있는 리더들은 장점을 활용해 직원이 스스로 단점을 개선하도록 한다.

셋째, 비평을 하지 않는다. 바보 같은 리더는 직원들이 좋은 아이디어를 낼 때마다 비평을 하려 든다. 자신이 우위에 있음을 확인받고 싶은 것이다. 반면 품격 있는 리더는 환영부터 해준다. 그러한 행동이 막힌 물꼬를 터놓는 길임을 알기 때문이다.

넷째, 직원들을 신뢰한다. 직원에게 어려운 일을 믿고 맡기며 그들이 스스로의 힘으로 해결할 때까지 믿고 기다릴 줄 안다. 직원이 오해를 받거나 궁지에 몰렸을 때에도 그를 믿는다. 그런 믿음으로 언제나 새로운 도전을 감행한다.

다섯째, 스스로를 갈고 닦는다. 세상의 변화에 발맞추고 때로는 세상의 변화를 추동하기 위해 끊임없이 공부하고 새로운 지식을 습득한다. 아침 일찍 세미나에 참석하고, 언제나 책을 들고 다니는 데는 그만한 이유가 있다. 당신도 품격 있는 리더가 되고 싶다면 책과 시간을 보내는 습관부터 들여야 할 것이다.

◆ Respect ◆

아무리 일하는 것을 즐거워하는 사람이라도,
인정받기보다 비판받을 때 일을 더 잘하거나
더 열심히 노력하는 사람은 없다.
– 찰스 슈왑

당신의 조직은 '열린 문'인가, '닫힌 문'인가

데이비드 류가 누구인지 모르더라도, 그가 운영하는 웹사이트 '더놋닷컴'은 들어봤을 것이다. 만약 여러분에게 결혼을 앞둔 친구가 있다면 말이다.

"저는 중국 이민자 집안에서 자랐어요. '존중'이 가훈이었지요. 아시아 문화에서는 어른이나 스승을 존중하는 것을 매우 중요하게 생각합니다. 나이가 많거나 배움이 많은 사람에 대한 일종의 존경이지요. 물론 어른은 아랫사람으로부터 존중받을 만한 행동을 해야 합니다."

미국 최대의 결혼정보사이트 '더놋닷컴'의 창업자인 데이비드 류는 그의 아내인 칼리 로니와 1996년에 이 사이트를 열었다. 자신들의 결혼식을 직접 계획하고 싶었지만 좌절했던 경험이 창업의 동기가 되었다. 현재 더놋닷컴은 1,000명이 넘는 직원과 글로벌 네트워크를 갖추고 있는 상장 법인이다. 한 달 이용자만 320만 명이 넘고, 매일 4,200명이 신규 가입을 하는 성공적인 인터넷 사이트 가운데 하나다. 결혼, 출산, 집 장만 같이 인생의 단계별로 웹사이트가 운영되고 있다.

더놋닷컴이 이런 글로벌 기업으로 성장하기까지는 어려움이 많았다. 인터넷 사용자의 80퍼센트가 남성이던 당시에 여성을 겨냥한 사이트를 개설했던 것이니까 말이다. 1999년 12월에 상장이 되었지만, 2000년 4월 닷컴버블로 인해 회사 주가가 26센트까지 하락하기도 했다. 안간힘을 다해 버티던 시절이었다.

더놋닷컴은 그런 어려움 속에서도 결국 살아남았고, 지속적으로 성장했다. 경제가 어려워도 결혼은 하기 마련이니까. 이렇게 번창한 회사는 2005년 4월 나스닥에 재상장

되었다. 이런 경험을 통해 류 사장은 어려운 시기일수록 사업을 적극적으로 주도해나가야 한다는 것을 배웠다.

"성급한 경영자들은 오로지 매출을 키우고 순이익을 올리는 데만 관심이 있어요. 그런 사람들에게 기업 문화가 중요하다고 하면 헛소리라면서 콧방귀를 뀌지요. 하지만 저는 위기를 겪고 돌파하면서 배웠습니다. 좋은 기업 문화를 구축하면 게임의 반은 끝난 것입니다. 기업 문화가 제대로 서야만 제대로 발전할 수 있습니다. 어려운 시기를 버텨내고 오히려 위기를 기회로 활용하는 것이야말로 기업 문화의 힘이지요. 그리고 이러한 기업 문화는 원칙을 통해 만들어집니다."

류 사장은 대학 졸업 후 들어간 첫 직장에서 사람들을 관리하는 방법을 많이 배웠다고 이야기한다. 신입사원으로 입사한 그는 불쌍한 잔심부름꾼에 불과했다.

"소프트웨어 개발 회사의 관리자로 입사했어요. 전화를 받고, 정수기 물통을 갈고, 복사기를 고치고, 토너를 교체하느라 하루 종일 눈코 뜰 새가 없었지요. 그때만 해도 플로피 디스크를 사용했습니다. 플로피 디스크를 포맷하는 것도 제 업무 중 하나였어요. 고되고 힘든 나날이었습니다. 저는 툭하면 C드라이브를 날려먹기 일쑤였지요. 하지만 사장님은 인내심이 많고 진심으로 직원들을 아끼는 분이셨어요. 제 인생을 돌아볼 때, 저를 믿고 기회를 주신 분들이 없었다면 지금의 저도 없었을 거라는 생각이 들어요."

이러한 첫 직장에서의 경험이 결국 지금의 경영 철학을 만들었다고 해도 과언이 아니다. 더놋닷컴의 사장실은 직원 누구에게나 열려 있다. '열린 문open-door'이 더놋닷컴의 제1원칙이다. 류 사장은 직접 블로그도 운영하고 회사 사이트에 글도 올린다. 분기마다 맨해튼 본사에서 멀리 떨어진 지사도 방문한다.

"저는 항상 사무실 문을 열어놓고 있습니다. 직원과의 일대일 면담을 환영합니다. 하고 싶은 얘기가 있는 직원은 언제라도 찾아오면 됩니다. 불만이든 제안이든 상관없습니다. 물론 그 원칙을 처음 도입할 때는 걱정을 하는 사람도 있었지만요."

그는 '열린 문'이라는 제1원칙이 없었다면 회사가 지금과 같은 성공가도에 오르지 못했을 것이라고 말한다. 구성원들이 제각각 이상만을 고집하다가 현실 감각 없는 뜬 구름 속을 헤매고 있었을 거라는 고백이다.

"회사가 가는 방향에 대해 불만이 있으면 누구나 사장 실에 편하게 들어와서 그에 대해 이야기합니다. 저에게는 이것이 바로 '견제와 균형'입니다. 직원들의 솔직한 생각 을 알아야 보다 나은 판단을 할 수 있으니까요."

류 사장의 '열린 문'이 대단히 창의적이며 차별적인 시 도라고는 말할 수 없다. 어떤 리더든 그걸 비슷하게 흉내 낼 수 있다. 하지만 아무나 성공할 수 있는 것은 아니다. 그러한 철학이 제1원칙으로 정해지고, 자리를 잡는 것은 또 다른 차원의 문제이기 때문이다. 리더십 연구자들은 이러한 '개방성'이 직원의 동기부여에 매우 중요한 역할을 한다고 입을 모은다. 더놋닷컴에서 봤듯이 말이다.

사람들은 자신이 의견을 제시하거나 문제 해결에 참여 할 수 있을 때 합당한 대우를 받는다고 느낀다. 자신의 생 각이 받아들여지면 존중받는다는 느낌이 들면서 결과에 보다 긍정적으로 반응하게 된다. 그리고 많은 시간과 에 너지를 일에 쏟아 붓는 것으로 보답한다. 직원들은 자신과 대화를 나누는 사장을 신뢰하기 마련인데, '사장님이 내 의견을 듣고 그걸 반영해 결정을 한다'는 생각이 들기 때문이다.

이와 같은 맥락에서 본다면 리더의 신뢰와 품격이란 '구성원의 꿈과 행복을 위해 최선을 다하리라는 믿음을 주는 것'이라 할 수 있다. 그리고 그런 믿음은 리더가 구성원을 신뢰하며, 그것을 원칙으로 정해 실천하는 모습을 보일 때 더욱 강력해진다.

당신이 리더라면 꿈꾸는 조직의 모습이 있을 것이다.

품격과 신뢰를 위해 반드시 지켜져야 한다고 생각하는 규칙은 무엇인가? 구성원들과 어떻게 지내고 싶은가? 구성원의 의견을 모두 모아서 우리 회사 혹은 우리 팀의 제1원칙을 정해보자. 우리의 사명에 대해 진지하게 의견을 나눠볼 수 있는 좋은 기회가 될 것이다. 또한 이는 회의 과정에서 '존중의 힘'을 느낄 수 있는 방법이기도 하다. 서로 다른 의견을 수용하며 존중하고 또 존중받는 자신을 발견하게 된다.

모리슨 씨의 회사는 부품을 설계하는 조그만 기업이다.

설립한 지 5년이 지났지만 여전히 성공 문턱을 밟지 못했다. 더구나 요즘처럼 경기가 좋지 않을 때에는 버티는 것만으로도 힘겨울 정도다. 매출 저하 문제로 컨설팅을 받기로 한 그는 외부 컨설턴트와의 상담 끝에 '첫 번째 원칙이 없었던 것이 가장 큰 문제였다'는 결론을 내렸다. 그래서 모두가 공유하는 제1원칙을 만드는 것으로부터 변혁을 시작해야겠다고 마음을 먹었다.

모리슨 씨는 직원들과 장시간 토론에 들어갔다. 다양한 문제점이 도출되었고 그것을 개선하기 위한 많은 아이디어가 나왔다. 직원들은 제각각 자기가 제기한 문제점과 해결책이 가장 시급하다고 주장했다. 모리슨 씨는 그 의견들을 경청했고, 충분한 토의를 거쳐 회사의 제1원칙을 정했다.

'마지막에 세 번 더 점검하는 회사.'

직원들도 그 원칙을 첫 번째로 꼽는 것에 동의하며 만족해했다. 마지막에 세 번 더 점검하는 규칙을 위반할 경우에는 벌칙으로 전 직원에게 피자를 돌리기로 했다.

놀랍게도 그 원칙은 일주일도 지나지 않아 위력을 발휘했다. 발주 기업으로부터 '불량이 눈에 띄게 줄었다'는 긍정적인 피드백이 도착한 것이다.

"이제 출발일 뿐입니다. 하지만 직원들이 수시로 제1원칙을 생각하고 그것을 염두에 두고 일을 한다고 생각해보세요. 더욱 꼼꼼하게 품질을 관리하게 될 겁니다. 품질이 높아지면 우리 회사의 신뢰도도 올라가겠죠. 결국에는 회사의 품격이 높아질 겁니다. 일반적인 부품 설계회사와는 확실한 차별화 포인트를 가질 수 있는 것이죠. 가장 중요한 것은 직원 모두가 참여해 첫 번째 원칙을 함께 만들었다는 점입니다. 신뢰와 품격은 사장 혼자만의 노력으로 만들 수 없습니다. 그건 함께 노력하며 천천히 쌓아가는 것이거든요."

이러한 효과를 체감한 모리슨 씨는 집에서도 제1원칙을 시도해보기로 했다.

"끈끈하던 가족애가 사라졌다는 느낌이었습니다. 한 지붕 아래에서 살지만 각자의 삶을 살면서 고립되어 있는 것 같았죠. 그래서 가족의 정을 다시 회복할 수 있는 방법이 없을지, 서로의 삶에 더 관심을 기울이는 방법이 없을지 고민하다가 회사에서 했던 것을 아내에게 이야기했더니 반색을 하더군요."

그의 아내는 비영리 단체에서 시간제로 일하고 있었다. 아이들이 좀 더 크면 정규직으로 돌아가고 싶은 마음이 있다. 첫째 프레드릭은 열네 살로 학교 농구팀에서 뛰고 있다. 사춘기에 접어든 탓에 엄마 아빠의 모든 행동에 짜증을 낸다. 둘째 딸 레이첼은 열 살이다. 친구들과 몇 시간이고 전화로 수다를 떨고 강아지를 끔찍하게 아낀다. 여섯 살인 막내 코너는 올해 학교에 들어갔다. 다정했던 누나는 요즘 저리 가라며 화를 낸다.

부부는 아이들에게 가족생활에서 바라는 점을 묻는 것부터 시작했다. 기존의 가족 규칙('거짓말을 하지 않는다', '남의 물건에 손대지 않는다' 등)을 어긴 아이는 누구인지 물어보았다. 집 안에서 자기가 할 일이 무엇이고, 집안일은 어느 정도 도와야 하는지에 대해서도 생각을 들어보았다.

엄마가 식사 준비를 하고 있다면 일주일에 한두 번 정도는 도와줄 생각이 있는지, 컴퓨터나 비디오 게임을 몇 시간이나 하고 싶은지도 알아보았다. 물론 부모와 아이들의 생각은 다른 경우가 대부분이었다.

"하지만 반드시 아이들에게 물어봐야 했습니다. 그래야 아이들에게 자신이 존중받고 있다는 확신을 줄 수 있으니까요. 게다가 우리 집 제1원칙을 만드는 데에도 자발적으로 참여해, 그 원칙을 지키는 것이 자신의 존엄성과 품위를 높이는 것이란 인식을 갖도록 할 수 있었습니다."

가족은 토론 끝에 '저녁은 집에서 먹는다'를 제1원칙으로 정했다. 모리슨 씨는 이러한 원칙을 지키기 위해 밖에서 약속을 잡지 않기로 했다.

가족의 저녁식사는 식구가 함께 모여 하루의 일을 이야기할 수 있는 소중한 시간이다. 엄마나 아빠는 아이들에게 누가 학교에서 말썽을 일으켰는지, 새로운 사건은 없었는지 자연스럽게 물어볼 수 있다. 저녁식사에서 세부적인 규칙이 만들어지기도 하고 협상도 이루어진다. 아침식사 때는 출근과 등교 때문에 시간에 쫓기지만, 저녁식사 때는 결론이 날 때까지 오랜 시간에 걸쳐 대화를 나눌 수 있기 때문이다.

부부는 저녁식사를 하면서 아이들과의 '협상'을 통해 수시로 작은 규칙을 정한다. 배기팬츠를 고집하는 프레드릭과는 평소에는 아이가 원하는 대로 입되 친척들의 행사나 결혼식 등에 갈 때는 그에 맞는 옷으로 갈아입기로 규칙을 정했다. 친구들의 조그만 문신 열풍에 흔들리는 레이

첼과는 '열여덟 살까지 기다려본다'는 타협으로 매듭을 지었다.

이런 세부적인 규칙과 협상은 모두 제1원칙(저녁은 집에서 먹는다)을 지킴으로써 가능한 것이었다. 서로를 이해하지 못하고 화를 내거나 외면하던 분위기가 사라졌고, 아이들도 부부와 대화하며 협상하는 것을 즐기기 시작했다. 자신의 의견이 받아들여지고 그것에 대해 토론이 벌어지는 과정을, 자신의 인격이 받아들여지고 그것에 대해 토론이 벌어지는 과정을, 자신이 충분히 존중받기 때문에 가능한 일이라고 이해하게 된 것이다.

또한 모리슨 씨 부부는 작은 규칙을 정할 때마다 그 규칙을 어길 경우 어떤 벌칙을 받을지도 역시 분명히 했다. 대개는 용돈을 줄이는 수준이었지만, 심한 경우에는 일주일 동안 외출금지라는 강경한 벌칙을 줄 수도 있게 아이들의 타협을 이끌어냈다.

플로리다 대학의 티모시 저지 교수는 원칙을 어긴 직원이나 아이들을 처벌해야 할 때 그 규칙을 정하는 일에 신중을 기해야 한다고 당부한다.

"여러분이 돈을 한 뭉치 들고 카지노에 갔다고 합시다. 처음부터 가진 돈 모두를 걸지는 않을 겁니다. 조금씩 나누어 베팅을 하겠지요. 처음부터 벌을 주는 것은 가혹합니다. 잘못에 따라 적절한 벌을 주어야 합니다."

아이가 부주의하게 놀다가 물건을 망가뜨렸다면 물건 값만큼 집안일을 시키는 식이다. 정해진 시간이 지났는데도 컴퓨터나 TV를 끄지 않았다면 그에 합당한 벌칙을 주면 된다.

함께 정하는 제1원칙과 규칙, 그리고 벌칙은 구성원의 자존감과 조직의 목표 달성을 한 번에 아우를 수 있는 도약대다. 그 원칙을 정하고 그것을 지켜가며 시행착오를 겪어가는 과정에서, 그래서 그 원칙이 더욱 확고해지는 과정에서 조직은 과거의 모습을 허물어뜨리고 완전히 새로운 문화를 쌓아올린다. 변혁적 리더와 변혁적 구성원들이 함께 성공을 이루어가는 과정이 바로 그것이다. 그렇게 확립된 제1원칙은 결국, 조직의 품격을 나타내는 상징이 된다.

변혁을 이끌어가는 리더가 되려면

· 구성원들이 만족감을 느끼도록 사소한 부분에서도 노력한다.

· 구성원들의 말에 언제나 귀를 기울인다.

· 구성원들과 함께 원칙을 정하고, 무슨 일이 있어도 그 원칙을 지킨다.

· 구성원들이 능력을 펼칠 수 있도록 지원해준다.

· 구성원들을 공평하게 대한다.

· 구성원들이 품격을 높일 수 있도록 자기계발을 지원한다.

· 다양한 위협으로부터 원칙을 지켜낸다.

최고 경영자가 아닌
'최고 격려자'가 되는 법

동기부여 전문가들은 입을 모아 말한다.

"직원들에게 회사의 성공에 기여할 수 있는 기회와 회사 문제에 대한 발언권을 적극적으로 줘야 한다. 또한 그들의 노력을 제대로 인정해줘야 한다. 그래야 회사의 지속가능한 발전을 비로소 담보할 수 있다."

이런 점에서 볼 때 의료 부품 업체인 파츠소스PartsSource는 대표적인 모범 사례라 할 수 있다. 요즘처럼 해고를 둘

러싼 법정 소송이 끊임없이 이어지는 시기에도, 파츠소스 사장인 레이 달톤은 그런 소송 걱정을 할 필요가 없다. 구조조정을 하지 않기 때문이다.

파츠소스는 연간 1억 달러에 이르는 매출을 기록하고 있다. 매달 6~8명의 사원을 새로 뽑을 만큼 급속하게 성장하고 있다. 하지만 결코 만만한 직장은 아니다.

"의료 부품 회사는 일이 힘들어요. 주식 시장과 비슷하지요. 모든 것이 빨리 돌아가고 스트레스도 심합니다. 하루 종일 전화기를 붙들고 있어야 해요. 그런데도 우리 회사 직원들의 이직률은 매우 낮은 편입니다. 우리가 긍정적인 기업 문화를 정착시키는 데 성공했기 때문입니다."

기업 리더들은 모두가 '직원을 가족처럼 존중한다'고 말하곤 한다. 그렇게 말하지 않으면 존중받지 못할 것임을 알기 때문이다. 하지만 구성원들을 진정으로 아끼고 존중하는 리더는 흔하지 않다.

파츠소스의 웹사이트를 방문하면 가장 먼저 눈에 띄는 것이 고객의 우수 직원 칭찬 글이다. 그리고 파츠소스의 제1원칙인 '언제나 대답은 예스'라는 모토가 눈에 띈다.

이 회사는 모든 의료 부품 주문을 1시간 내에 처리한다는 야심찬 목표를 세웠다. 이 목표를 이루려면 모든 직원들이 최고의 능률을 내야 한다. 200명이 넘는 직원 중 누구 하나 게으름을 피울 여유가 없다.

달톤 사장은 직원들의 '긍정적인 변화 의지'가 회사의 토대라고 자신 있게 말한다. 달톤 사장의 표현대로 하면 '예스 의지'다. 사람을 채용할 때부터 달톤 사장은 직원이 자기 삶을 끊임없이 바꿀 의지가 있느냐의 여부를 중점적으로 본다. 그가 이렇게 긍정적인 변화 의지를 중요하게 여기는 이유는 무엇일까? 그의 성장 배경을 살펴보면 그 답을 알 수 있다.

그는 깡패와 범죄자들의 싸움이 끊이지 않는 캘리포니아 캠톤에서 자랐다. 그런 환경에서 일찌감치 고등학교를 중퇴했다. 그러나 사회생활을 하면서 인생이 무엇인지 배웠다. 뒤늦게 철이 든 것이다.

세상은 학교와 달리 비정했다. 그는 먼저 상대에게 존중의 신호를 보내야 삭막한 세상에서 조금이나마 생존 확률을 높일 수 있다는 사실을 깨달았다. 앞서 성공한 사람들의 삶을 지켜보며 꼭 그들처럼 되겠다고 의지를 불태웠다.

그렇게 자신의 삶을 긍정적으로 개선하려는 '예스 의지'가 지금 그의 성공 비결이 되었다. 변화는 우리가 우리 자신이 아닌 누군가가 되려고 노력할 때가 아니라, 우리 자신을 인정하며 우리 자신에게 충실해질 때에 비로소 일어나는 것이다.

　"가진 것이 그야말로 아무것도 없을 때 유일한 재산은 바로 사람입니다."

　달톤 사장은 공군에 입대했다. 제대 후에는 야간 대학을 다니면서 마침내 졸업장을 땄다.

　"학교에서도 동료들에 비해 나이는 많고 공부를 해본 경험은 없다 보니 어려움이 많았어요. 그저 그들과 친하게 지내면서 도움을 청하는 방법밖에 없었지요. 많은 도움을 받았습니다. '예스 의지'가 학교 공부를 마치는 데도 에너지를 준 셈이죠."

　달톤 사장은 대학 시절 나이 어린 친구들의 도움을 많이 받았던 기억을 떠올리며, 지금도 새로운 직원을 뽑는 채용 면접 때 직원들과 함께 참여해 의견을 주고받는다.

　"저는 우리 회사에 들어오는 사람들에게 성공하고 싶다면 두 가지를 반드시 기억하라고 말합니다. 첫째, 동료나 리더에게서 존중할 만한 점을 발견할 것. 둘째, 자신의 삶을 끊임없이 개선해 나갈 예스 의지를 발견할 것. 그런 태도만 있다면 우리 회사에서 일하는 데 문제가 없고, 회사를 더욱 발전시키는 데 기여할 수도 있으니까요."

파츠소스의 이러한 '예스 의지'는 고객과 소통하는 방식에서도 잘 나타난다. 회사는 '문제가 있어서 전화를 걸어온 고객에게 신속하면서도 효율적으로 답변해주는 것이 의무'라는 기업 철학을 가지고 있다. 대부분의 기업이 도입한 ARS 서비스가 파츠소스에는 없다. 전화를 걸면 녹음된 멘트가 흘러나오는 대신, 직원이 직접 인사를 한다. 진짜 사람 대 사람으로 연결될 때 문제도 신속하게 해결될 수 있다는 믿음 때문이다.

"보셨겠지만 '언제나 대답은 예스'가 우리 기업의 모토입니다. 녹음된 기계음은 '예스'라는 대답을 할 수 없습니다. 상담원이 직접 전화를 받아서 문의 사항이나 요청을 신속하게 해결해주는 것. 그런 것은 비용 절감과 전혀 다른 차원의 문제입니다. 그건 기본의 문제죠."

얼마 전, 파츠소스의 강력한 '예스 의지'를 보여주는 사건이 발생했다. 뉴저지의 한 병원에서 갑자기 원격 측정 시스템을 가동해야 하는 상황이 생긴 것이다. 조사를 마치는 데만 6주가 걸리고, 새로운 시스템을 설치하는 데 또다시 6~8주가 걸리는 일이었다. 하지만 병원에게 허락된 시간은 단 한 달뿐이었다. 한시가 급했다. 병원의 담당자들은 여러 의료장비 회사에 연락을 했지만 번번이 거절당했다. 물리적으로 불가능하며 야근과 주말 근무까지 해가면서 일정에 맞춰줄 직원이 없다는 이유에서였다.

그런 병원이 마지막으로 연락을 해본 업체가 바로 파츠소스였다. 별다른 기대 없이 좋은 아이디어가 없을까 해서 전화를 해본 것이었다. 파츠소스는 요청을 받고 몇 시간 내에 필요한 장비와 부품 리스트를 뽑아냈다.

그로부터 보름이 지나지 않아 병원에는 새로운 시스템이 갖춰졌다.

병원 측은 경악을 금치 못했다. 15만 달러가 드는 3개월짜리 작업을, 유명하지도 않은 작은 기업이 단 보름 만에 해냈으니 그럴 만도 했다. 비용도 훨씬 절감된 것은 물론이었다. 뉴저지 병원의 성공 사례는 병원 경영자들 사이에서 파츠소스를 유명스타로 만들어놓았다.

파츠소스 고객은 대부분 영업 담당자의 얼굴을 모른다. 주로 전화나 인터넷을 통해 거래가 이루어지기 때문이다. 그래서 오히려 '인간미가 없다'는 인상을 주지 않는 것이 중요한데, 친절 서비스는 고객을 존중하는 하나의 방법이기도 하다.

파츠소스는 직원들의 '예스 의지'를 북돋워주기 위해 성과에 따른 인센티브를 제공한다. 전 직원이 실적에 따라 보상을 받는 것이다. 전화 상담 직원들까지도 기본 급여 외에 상담 실적에 따라 수당을 받는다. 이렇게 고객을 존중하는 마음에 직원들의 '예스 의지'를 합쳐 파츠소스는 일의 효율을 극적으로 높이고 때론 불가능해 보이는 일마저도 해낸다.

파츠소스는 경영전략을 짤 때도 이러한 '예스 의지'를 십분 활용한다. 새로운 회계연도가 돌아오면 경영진이 모여 새해의 비즈니스 전략을 수립하는데, CEO인 달톤 사장은 여기에 끼지 않는다. 그는 경영자로서 가장 어렵지만 반드시 해야 할 일이 '뒤로 빠져주는 것'이라고 말한다. 임직원들이 '예스 의지'를 스스로 발휘하도록 믿고 맡기는 것이다.

"저는 그들의 능력을 존중합니다. 그동안 함께 일하면서 '예스 의지'를 단련해왔거든요. 믿고 맡겨도 좋다고 생각해요. 가끔 성과 지표만 확인합니다. 그들을 신뢰하는 대가로 저한테 좋은 선물이 주어졌습니다. 그들이 준 선물이죠. 제 생활 말입니다. 개인적인 생활을 누릴 수 있다는 것이 정말 좋습니다."

파츠소스는 달톤 사장의 열 번째 회사다. 그는 스스로를 '연쇄창업가serial entrepreneur'라고 부른다. 언스트 앤 영은 그에게 '최우수 기업가상'을 주었고, 하버드 대학의 오하이오 동창회는 그를 '올해의 기업인'으로 선정했다. 폭력과 범죄가 난무하는 동네에서 자라나 고등학교를 중퇴하는 등 어려운 삶을 살았지만 그런 굴곡을 딛고 서서 인생을 역전시키는 데 성공한 불굴의 '예스 의지'를 높이 평가한 것이다.

달톤 사장은 스스로가 그랬듯이 직원들도 똑같은 방식으로 대한다.

"우리 회사는 '인생의 두 번째 기회'를 주는 회사로 잘 알려져 있습니다. 238명이나 되는 우리 직원들 중에 대학을 나온 사람은 17퍼센트도 되지 않아요. 학벌로 그 사람의 가치를 따질 수는 없습니다. 중요한 것은 성공에 대한 열망과 에너지입니다. 그것을 담은 것이 바로 '예스 의지'이지요. 무엇에든 예스라고 외칠 수 있어야 합니다."

달톤 사장이 미래를 무조건 낙관적으로 보는 것만은 아니다. 그는 현재 미국 경제의 어려움이 당분간 지속될 것이라고 내다본다. 높은 실업률이 장기화되면서 경기 회복에도 걸림돌이 될 것이라는 게 그의 전망이다.

"정말 어려운 시기는 지금부터인지도 모릅니다. 운 좋게 일자리를 지키고 있는 사람이라 해도 마음을 놓을 수 없는 상황입니다. 경영자인 나도 앞으로 어떤 변화가 나타날지 모르기 때문에 마음이 많이 불편합니다. 하지만 그럴수록 더 많이 일하고 더 많이 손을 맞잡아야 합니다. 고객 서비스를 개선하고 비용 절감을 위한 아이디어도 내놓아야 합니다. 듣기만 해도 머리가 아픈 이야기죠? 하지만 존중하는 마음과 예스 의지만 있다면 괜찮을 것이라고 믿습니다. 오히려 이렇게 어려운 시기일수록 성공에 한 걸음 더 다가갈 수도 있죠."

이런 생각을 하는 리더가 달톤 사장뿐만은 아니다. 존

경받는 리더들에게는 공통점이 있다. 사람들의 예스 의지를 불러일으키고 그들을 신뢰하며 모든 것을 그들에게 맡긴다는 점이다. 바로 이런 사람들 때문에 최근 CEO라는 말의 정의가 바뀌고 있다. 최고 경영자가 아닌 '최고 격려자Chief Encouragement Officer'로 말이다. 최고 격려자야말로 품격 있는 리더의 필수 조건이 아닐까?

◆ **Respect** ◆

품격 있는 기업의 다섯 가지 조건

1. 직원들이 서로를 인정하며 존중해주고 있는가.

2. 직원들이 직위에 맞게 대우받고 있는가.

3. 직원들의 문화적 다양성이 인정받고 있는가.

4. 상사가 직원의 주장에 주의를 기울이고 있는가.

5. 문제에 직면했을 때 그것을 창조적으로 해결할 수 있는 환경이 조성되어 있는가.

혁신과 창의를
양산하는 존중의 문화

구성원들을 의사결정에 적극적으로 참여시키는 방식으로 존중 문화를 구축하게 되면 조직의 혁신성과 창의성이 높아진다. 그리고 이것이 조직의 성패를 결정짓는다.

좋은 예가 바로 필름 업계의 대표 주자인 코닥과 후지필름이다. 이스트만 코닥은 아날로그 필름 시장에서 이기는 데만 몰두한 나머지, 새로운 물결인 디지털 시장 진입에 한발 늦었다. 반면 경쟁업체 후지필름은 디지털 분야에서 멀찌감치 앞서 나가면서도 2006년 조직 개편을 단행해 중앙 R&D 연구소를 설립했다. 이 연구소를 통해 후지필름은 코닥이 몰두했던 아날로그 필름 분야에서도 커다란 혁신을 이루어냈다.

아날로그 필름 시절에 개발한 공정들을 새롭게 응용할 수 있는 길을 찾아낸 것이다. 그 기술을 발판으로 후지필름은 평면 디스플레이용 코팅제 시장에 뛰어들었다. 아날로그 필름 코팅에 사용했던 화학 약품을 그대로 사용해 코팅 제품을 생산하는 것이어서 별도의 투자 없이 안정적인 매출과 수익을 낼 수 있었다.

새로운 시장을 개척한 이러한 후지필름의 혁신은 어떻게 가능했을까? 한 가지 확실한 점은 이러한 혁신이 결코 하루아침에 이뤄지지 않았다는 사실이다.

시게타카 코모리 후지필름 사장은 디지털 기술의 급격한 발전에 어떻게 대처해야 할지 고민하며 수없이 많은 회의를 가졌다. 디지털 시대가 되면 필름이 무용지물이 될 것이므로 이는 필름 메이커에게 치명적 위기였다. 그래서 직원 1,000명을 선발해 생존 아이디어를 모으기로 했다.

"디지털 기술의 비약적인 발전으로 예상하기 어려운 변화가 우리 앞에 펼쳐지고 있습니다. 여러분은 회사의 핵심 인재들입니다. 여러분이 회사의 미래를 만들어야 합니다. 여러분이 생각하는 '도전과 기회'는 무엇인지 2페이지 분량의 보고서로 제출해주십시오."

직원들에게서 기발한 아이디어가 쏟아졌다. 경영진은 그중에서 수많은 아이디어를 채택했다. 그리고 그것이 오늘날 후지필름이 가고 있는 길이 되었다. 아날로그 필름의 종말과 함께 침체의 길을 걷고 있는 코닥과는 전혀 다른 길이다.

하버드 경영대학원의 테레사 아마바일 교수는 26년 동안 기업들을 연구해오면서 생산성과 창의성이 깊은 관계가 있음을 발견했다. 또한 리더가 어떤 사람인지가 생산성과 창의성 증진에 커다란 관련이 있다는 사실도 밝혀냈다.

그녀가 동료 교수 스티븐 크래머와 함께 진행한 연구는 다음과 같은 것이었다. 먼저 직장인이 회사에서 어떤 생각을 하는지 알아보기 위해 5개월 동안 일곱 개 회사 직원

238명을 대상으로 1만 2,000여 건의 일기를 수집했다. 일기에는 하루 일과 중 마음에 남는 일과 그것에 대한 느낌이 적혀 있었다.

아마바일 교수팀이 일기 내용 분석을 통해 가장 많이 접한 내용은 '고용불안'이었다. 사람들은 직장에서 해고되지 않을까 노심초사하고 있었다. 아울러 회사 안에서 어떤 일이 벌어지고 있는지 빨리 파악하고 싶어 했다. 지금 무슨 일이 일어나는지 알아야 어떻게 대처할지 결정할 수 있기 때문이다.

자신을 둘러싼 환경이 불투명할수록 일에 대한 의욕을 잃는 경향이 뚜렷했다. 예를 들어 회의를 요청했는데 상사가 빨리 답을 주지 않으면 이런 생각을 하게 된다.

'벌써 일주일이 지났잖아? 보고를 해야 하는데 말이야. 높은 양반들은 내가 하는 일에 관심이 없나 봐. 회사에 별로 중요하지 않은 프로젝트인가? 내가 회사에서 그다지 중요한 사람이 아니라는 건가? 이런, 직장생활이 위험하겠군. 옮길 만한 데도 없고, 지금 당장은 경기도 나쁘니…… 애들 교육비가 걱정이네. 어떻게 해야 하지?'

이처럼 충분한 의사소통이 없으면 직원과 회사 사이에

오해가 생기기 마련이다. 직원은 직장생활에 대해 진지하게 고민하면서, 스스로를 중요하지 않은 존재라고 느끼게 된다.

샐러리맨의 이런 불안 심리에 착안해서 어떤 경영자는 '직원에게는 어느 정도 압박을 주어야 일을 잘한다'고도 주장한다. 그러나 아마바일 교수는 이것이 매우 잘못된 생각이라고 말한다.

"다람쥐 쳇바퀴 돌 듯 불안하고 바쁘게 돌아봐야 능률은 오르지 않습니다. 오히려 눈치를 보다가 하향평준화될 가능성이 높지요. 억지로 하는 일에선 창의성도 기대할 수 없습니다."

게다가 직원에게 안정감을 주지 못하게 되면 이는 회사의 발전이나 변화에 대한 저항으로 나타날 수도 있다. 아마바일 교수가 수집한 일기에도 이와 비슷한 내용이 있었다. 한 직원은 회사가 다른 회사를 인수하는 데 성공하자 '바보 같은 결정'이라고 일기에 썼다. 회사로선 분명 좋은 소식이었다. 그러나 회사를 믿지 못하는 직원에게는 그 변화가 구조조정에 대한 신호로 받아들여졌던 것이다.

직원에게 안정감을 주는 가장 좋은 수단은 '노력의 인정'이다. 최고경영자에게 한번 인정을 받으면 그 효과가 크기도 하지만 오래 지속되기도 한다. 리더로부터 인정을 받음으로써 직원은 자기 자신과 자신의 일에 대해 긍정적인 생각을 가지게 된다. 엉뚱한 피해의식이나 지나친 의심에 빠지지도 않는다. 또 팀 구성원들과 잘 어울리면서 자신의 능력을 충분히 발휘하게 된다.

인정받고 존중받는 직원은 거듭되는 실패에도 굴하지 않고 끊임없이 아이디어를 낸다. 그들의 긍정적인 마인드는 실패를 수치스러워하지 않고 끊임없이 새로운 시도를 하게 만든다. 긍정적인 동기가 창의성을 자극해 일 자체에서 즐거움을 찾기 때문이다.

아마바일 교수는 연구를 통해 직장생활에 만족을 느낄 때 혁신적이며 창의적인 아이디어가 떠오를 가능성이 50퍼센트나 높아진다는 사실을 밝혀냈다. 교수가 수집한 일기 중에는 스무 번이나 매우 창의적인 아이디어를 낸 여직원의 이야기도 있었는데, 그런 아이디어 가운데 80퍼센트는 평소보다 기분이 좋은 날 나왔다고 한다.

긍정적인 생각을 하게 되면 우리의 뇌에서는 도파민이

라는 호르몬이 분비된다. 도파민은 '러너스 하이runners high'라는 기분 좋은 상태를 만들어주는 쾌감 물질인데, 뇌에서 인지적 추론을 담당하는 부분인 전두피질에 이 도파민 수용체가 분포되어 있다. 운동을 할 때 근육을 풀기 위해 스트레칭이 필요하듯 긍정적 마인드는 뇌의 전두피질을 흥분시켜 인지 기능을 최상의 상태로 만든다. 그래서 기분이 좋으면 창의적 아이디어가 떠오를 가능성이 높아지는 것이다.

컨설팅 회사 딜로이트가 진행한 한 설문조사에 따르면 직장인의 40퍼센트가 '새로운 도전과 경력 계발에 도움이 된다면 금전적인 손해를 보더라도 지금의 직장을 떠날 마음이 있다'고 답했다고 한다. 다시 말해 인생에서 돈이 전부는 아니라는 뜻이다.

그런데 아이러니하게도, 조사 결과 다른 회사로 이직하는 직원 가운데 70퍼센트는 지금의 회사에서도 충분히 새로운 업무를 찾고 경력을 계발할 수 있었다. 이게 의미하는 바는 무엇일까? 결국 그들이 직장을 떠나려는 이유는 사람 때문, 즉 리더가 그들에게 미래의 창을 열어주지 못했기 때문이었다.

이 시대의 리더가 반드시 알아야 하는 진실은 하나뿐이다.
바로 사람은 미래의 비전을 좇는다는 것이다. 비전을 제
시하며 그것을 공유하는 것이야말로 구성원의 마음을 얻
는 궁극의 방법이다.

그런 리더와 함께 미래를 열어가는 것은 매일 미지의 세
계로 떠나는 여행과도 같다. 진심으로 좋아하는 리더와
여행을 한다는 설렘이 직원들로 하여금 저절로 신이 나게
한다. 그들에게 있어 하루하루는 가슴 벅찬 새로운 도전
이다. 그래서 상상하지 못했던 아이디어를 봇물처럼 쏟아
낸다.

뛰어난 경영자는 철저한 목표 관리로 높은 매출과 순이
익을 만들어낸다. 그리고 그보다 더 뛰어난 경영자는 혁
신적인 기술과 상품으로 새로운 시장을 만들어낸다. 하지
만 위대한 경영자는 비전과 희망이 살아 숨 쉬는 창의와
혁신의 문화를 만들어낸다. 구성원에게 비전과 희망을 주
고 함께하는 것이야말로 리더가 자신을 아껴주는 사람들
에게 돌려줄 수 있는 최고 수준의 '존중'이다.

꿈의 직장을 이루기 위한 다섯 가지 조건

1. 비전: 직원의 노력을 인정하고 존중하면서 목표에 대한 비전을 공유한다.

2. 안정성: 직원이 회사에서 위기감을 느끼지 않도록 보살펴준다.

3. 공정성: 보상과 처벌에 대한 공정한 기준을 가지고 있다.

4. 인간성: 리더가 품격이 있으며 신뢰감을 준다.

5. 존중: 직위에 관계없이 모든 직원이 서로를 존중한다.

　사람들은 자신이 존중받기를 원하고, 모두가 자신을 배려해주기를 바란다. 리더도 마찬가지다. '리더의 특별한 권리'로 최고의 대접을 원하는 경영자들이 적지 않다. 그들로선 그런 대접을 받기 위해서 죽어라 경쟁하며 그 자리까지 오른 것인지도 모른다.

　메릴린치의 CEO였던 존 테인은 퇴직 후 120만 달러를 회사 측에 변상해야 했다. 사무실을 호화롭게 꾸몄던 비용이란다. 그의 방에는 왜 8만 7,000달러짜리 양탄자가 필요했을까? 휴지통도 그렇다. 무슨 휴지통 가격이 1,400달러나 된단 말인가.

　그러나 한편으로 어떤 리더들은 다른 이를 존중하며 자기가 누릴 수 있는 것들을 포기하기도 한다.

　다국적 제약회사인 글락소의 CEO 로버트 잉그램에게는 매달 반드시 챙기는 행사가 하나 있다. 바로 공장 가운데 한 곳을 방문해 그 달에 생일을 맞이한 직원들과 아침을 함께 먹는 것이다. 대화에는 주제가 없다. 잉그램 사장은 주로 듣는 쪽이다. 간혹 회사에 대해 불만을 늘어놓는 직원도 있다. 그래도 듣는다. 사장이라고 해서 반박하거나 핑계를 댈 말이 없겠는가.

씨티그룹을 세계 최대의 금융회사로 키워낸 샌디 웨일 전 회장은 맨해튼의 사무실에서 한동안 새우잠을 잔 적이 있다. 회사가 급성장하던 시절이었다.

"그때 전산시스템이 갑자기 다운됐어요. 금융회사에서 전산이 마비된다는 게 어떤 건지 아시죠? 지옥이었어요. 컴퓨터 회사의 엔지니어와 우리 회사 엔지니어들이 총출동해서 난리법석이었지요. 문제는 바로 해결되었지만 상황이 완전히 종료된 것인지 확실하지 않았죠. 결국 일주일 동안 전산실이 비상체제로 돌아갔고, 나 역시 며칠 동안 전산실에 소파를 놓고 새우잠을 잤습니다."

내가 물었다.

"최고경영자가 그렇게까지 할 필요가 있었을까요? 그건 최고 기술책임자CTO가 책임져야 할 일인데요."

웨일 전 회장은 빙그레 웃으며 말한다.

"물론 그렇죠. 하지만 나는 그렇게 함으로써 그들의 사명이 회사에서 얼마나 중요한 일인지 직접 느끼도록 해주고 싶었습니다."

더놋닷컴의 CEO 데이비드 류는 최근 이사회에서 결정된 연봉을 자진 삭감했다.

"지금 같은 경제난에는 적절치 않다고 생각했어요. 이사회가 월급과 보너스를 올려주겠다고 했지만 내가 거절했지요. 직원들에게 모범을 보이려는 생각도 있었고요."

메이시스 백화점의 룬드그렌 사장과 임원진은 모든 이

의 부러움을 사던 특전을 없애기로 마음먹었다. 메이시스 계열 백화점에서 물건을 구입할 때 할인을 받던 혜택이었다. 임원의 경우 직원들보다 훨씬 큰 폭의 할인 혜택을 받고 있었다. 룬드그렌 사장은 단호한 목소리로 말한다.

"그동안의 할인 혜택에는 '우리는 백화점 임원이니까 철마다 새로운 양복을 입어야 한다'는 생각이 깔려 있습니다. 없애는 것이 현명한 선택이라고 생각합니다."

모든 이들에게 감동을 주었던 리처드 필립스 선장의 이야기를 기억할 것이다. 그는 소말리아 해적들에게 스스로 인질이 되어 붙잡혔다. 다른 선원 모두를 놓아준다는 조건으로 스스로 인질이 된 필립스 선장의 이야기는 전 세계를 충격에 빠트렸다. 요즘 같은 세상에 동료들을 위해 자기 목숨을 내놓는 사람이 어디 있단 말인가. 미 해군 특수부대가 필립스 선장을 구해내면서 해피엔딩으로 막을 내렸지만, 그의 선택은 두고두고 많은 사람들에게 감동을 전해주었다.

155명의 목숨을 구해낸 '허드슨강의 영웅' 첼시 설렌버거 기장도 마찬가지다. 비행기 사고는 이륙 도중 거위 떼가 엔진 속으로 빨려 들어가면서 일어났다. 두 개의 엔진이 모두 멈춰버렸고, 더 큰 불상사를 막기 위해 설렌버거 기장은 강물 위로 불시착을 시도할 수밖에 없었다. 그런데 비행기가 물속으로 가라앉는 순간에도 설렌버거 기장은 탈출을 시도하지 않았다. 승객들이 모두 탈출하고 난 뒤에도 두 차례나 비행기를 구석구석 살피며 혹시 남아 있을지도 모를 승객의 안전을 먼저 생각했다.

이처럼 리더의 품격은 다른 사람을 위한 희생으로 완성된다. 그리고 품격을 완성하는 데는 언제나 상상을 뛰어

넘는 용기가 필요하다.

    사람은 다른 사람의 희생을 보며 감동을 하기 마련이다. 리더가 그러한 희생을 보여줄 때 팀원들은 '가장 중요한 것은 여러분의 행복입니다'라는 리더의 메시지를 온전히 전달받는다.

    그렇기에 희생하는 리더는 구성원들의 열광적인 사랑을 받는다. 그리고 구성원들 역시 자신도 모르게 그 리더를 닮아간다. 그것이 위대한 기업들만이 갖고 있는 존중의 문화이며, 감히 흉내 낼 수 없는 경쟁력이다.

존중받는다고 느낄 때 마음이 열린다

사람의 마음을 얻고 성공의 토대를 마련하는 관계의 기술

초판 1쇄 발행 2023년 05월 31일

지은이 데보라 노빌
옮긴이 김순미
펴낸이 최현준

편집 이가영, 구주연
교정 최진
디자인 김소영

펴낸곳 빌리버튼
출판등록 2022년 7월 27일 제 2016-000361호
주소 주소 서울시 마포구 월드컵로 10길 28, 201호
전화 02-338-9271 | **팩스** 02-338-9272
메일 contents@billybutton.co.kr

ISBN 979-11-92999-07-4 (03320)